# HERNANDES DIAS LOPES

# o LEGADO da CRUZ

DESVENDANDO O PODER
**DAS ÚLTIMAS PALAVRAS**
**DE JESUS**

© 2024 por Hernandes Dias Lopes

1ª edição: março de 2024
1ª reimpressão: maio de 2024

Edição de texto
Daila Fanny

Revisão
Francine Torres
Patricia Murari

Projeto gráfico e diagramação
Sonia Peticov

Capa
Julio Carvalho

Editor
Aldo Menezes

Coordenador de produção
Mauro Terrengui

Impressão e acabamento
Imprensa da Fé

As opiniões, as interpretações e os conceitos emitidos nesta obra são de responsabilidade do autor e não refletem necessariamente o ponto de vista da Hagnos.

Todos os direitos desta edição reservados à
Editora Hagnos Ltda.
Rua Geraldo Flausino Gomes, 42, conj. 41
CEP 04575-060 — São Paulo, SP
Tel.: (11) 5990-3308

E-mail: hagnos@hagnos.com.br
Home page: www.hagnos.com.br

**Dados Internacionais de Catalogação na Publicação (CIP)**
Angélica Ilacqua CRB-8/7057

Lopes, Hernandes Dias

O legado da cruz: desvendando o poder das últimas palavras de Jesus / Hernandes Dias Lopes. — São Paulo : Hagnos, 2024.

Bibliografia
ISBN 978-85-7742-499-3

1. Jesus Cristo - Crucificação
2. Jesus Cristo - Sete últimas palavras
I. Título

24-0487                  CDD 232.9635

Índices para catálogo sistemático:
1. Jesus Cristo - Crucificação

# SUMÁRIO

*Prefácio* ............................................. 5

**PRIMEIRA PALAVRA**
Perdão ............................................. 9

**SEGUNDA PALAVRA**
Salvação ......................................... 37

**TERCEIRA PALAVRA**
Afeição ........................................... 65

**QUARTA PALAVRA**
Desamparo ...................................... 89

**QUINTA PALAVRA**
Sofrimento ..................................... 115

**SEXTA PALAVRA**
Vitória .......................................... 143

**SÉTIMA PALAVRA**
Rendição ....................................... 171

*Palavra final* ................................... 199

*Referências bibliográficas* ..................... 205

# PREFÁCIO

Jesus Cristo, Filho de Deus, na plenitude dos tempos, veio ao mundo. Nasceu de uma mulher, nasceu sob a lei. O Verbo se fez carne e habitou entre nós. Ele andou por toda parte fazendo o bem, libertando os oprimidos das mãos do Diabo. Os cegos viram, os surdos ouviram, os mudos falaram, os coxos andaram, os mortos ressuscitaram. Ele, entretanto, foi perseguido. Perseguido pelos fariseus, pelos saduceus, pelos escribas, pelos herodianos. A religião uniu-se à política, e Ele foi condenado à morte tanto pelos religiosos judaicos como pelo governador romano.

Na verdade, a morte de Cristo estava agendada na eternidade. Apocalipse 13:8 diz que o Cordeiro foi morto desde a fundação do mundo. A morte de Jesus não foi um acidente, nem sua ressurreição foi uma surpresa. A morte de Cristo é o fato mais auspicioso da História porque foi na cruz que Ele abriu os portais da nossa liberdade e arrancou-nos da escravidão do pecado, do mundo, da morte e do Diabo. A cruz não foi uma derrota, pois Ele ressuscitou no terceiro dia, vencendo a morte, matando a morte, arrancando o aguilhão da morte, inaugurando a imortalidade.

A cruz é o grande emblema do cristianismo. Jesus não caminhou para cruz como um fracassado que sucumbiu ao poder de Roma e à orquestração sinistra do sinédrio judaico. Não! Ele caminhou para cruz como um rei caminha para a coração. Ele mesmo profetizou que seria entregue nas mãos dos principais sacerdotes para ser crucificado e para ressuscitar ao terceiro dia. Ele transformou aquele batismo de horror num palco para glória de Deus e em instrumento da nossa salvação. É por isso que Paulo diz: "Porque decidi nada saber entre vós, senão a Jesus Cristo e este crucificado" (1Coríntios 2:2).

A morte de cruz tinha três características:

Primeira, ela era *dolorosíssima*. Era a pena de morte aplicada apenas aos escravos e delinquentes. Havia um adágio que dizia que uma pessoa crucificada morria mil mortes. Muitas vezes, o crucificado passava vários dias pregado na cruz, e morria lentamente com câimbras, asfixia e dores atrozes.

Segunda, ela era *ultrajante*. A pessoa condenada era açoitada, ultrajada e cuspida; depois, tinha de carregar a própria cruz debaixo do escárnio da multidão até o lugar da sua execução. Era dependurada nua, um espetáculo de horror para todos os que passassem por ela.

Terceira, ela era *maldita*. Uma pessoa dependurada na cruz era considerada maldita segundo a lei judaica (Deuteronômio 21:23). Enquanto Jesus pendia do madeiro, embaixo dele, Satanás e suas hostes o assaltavam; em volta dele, os homens escarneciam dele; em cima dele, Deus o cobria com um manto de trevas, símbolo de maldição; de dentro dele, prorrompia o amargo grito de desamparo.

Jesus foi crucificado às 9 horas da manhã e rendeu seu espírito às 15 horas da tarde. Nesse período, Ele transformou a cruz numa tribuna, e do alto do Calvário proferiu sete palavras que ainda hoje impactam o mundo inteiro, as chamadas "sete palavras da cruz". Poderíamos denominar as sete palavras da cruz como o maior discurso da História. Desde a Idade Média, essas palavras têm sido lidas pela igreja e são alvo de sua meditação durante o tempo da Páscoa.

Quais são essas palavras?

Primeira, *uma palavra de perdão*: "Pai, perdoa-lhes, porque não sabem o que fazem" (Lucas 23:34). Jesus não apenas intercede por seus algozes, mas lhes atenua a culpa.

Segunda, *uma palavra de salvação*: "Hoje estarás comigo no paraíso" (Lucas 23.43). Jesus oferece vida eterna a um homem que viveu a vida toda na impiedade. Com isso, fica provado que a salvação não é alcançada por mérito, mas apenas pela graça.

Terceiro, *uma palavra de cuidado*: "Mulher, eis aí teu filho. [...] Eis aí tua mãe" (João 19:26-27). Jesus confiou sua mãe aos cuidados de João. Seu zelo filial foi demonstrado até o fim.

Quarta, *uma palavra de angústia*: "Tenho sede!" (João 19:28). Jesus era perfeitamente homem sem deixar de ser perfeitamente Deus. Sentiu fome, sede, cansaço, angústia e dor. Não apenas os sentiu, mas os expressou claramente.

Quinta, *uma palavra de desamparo*: "Deus meu, Deus meu, por que me desamparaste?" (Mateus 27:46; Marcos 15:34). O Pai precisou desamparar o Filho para amparar a nós. Agradou ao Pai moê-lo. Ele foi ferido pelas nossas transgressões e feito pecado por nós.

Sexta, *uma palavra de vitória*: "Está consumado!" (João 19:30). A cruz não foi sinal de fraqueza, mas de força. Não foi símbolo de derrota, mas de consumada vitória.

Sétima, *uma palavra de entrega*: "Nas tuas mãos entrego o meu espírito!" (Lucas 23:46). Jesus consumou a obra da redenção, e então entregou-se ao Pai. Sua missão estava concluída. Nossa redenção estava selada.

Cada uma dessas palavras responde a parte da grande pergunta que está por trás da cruz: por que foi necessário que Jesus morresse? A resposta passa por diferentes temas: para satisfazer a justiça de Deus; para nos salvar da morte eterna; para derrotar Satanás, para oferecer perdão dos pecados; para nos justificar. Tudo isso, porém, resume-se a uma única palavra: amor. Jesus morreu por amor. O Pai entregou o Filho por amor. Amor a você e amor a mim.

Deus, por natureza, é amor (1João 4:8). Ele também é eterno; assim, seu amor é eterno. Isso significa que esse amor não teve origem em nós. Não fomos nós que primeiro amamos a Deus; foi Ele quem nos amou e nos atraiu para si: "Com amor eterno te amei; por isso, com fidelidade te atraí" (Jeremias 31:3). Deus nos amou quando ainda éramos apenas uma ideia em sua mente. Deus nos amou quando os fundamentos da Terra ainda não haviam sido lançados. Deus nos amou antes mesmo de nos criar. E porque nos amou, Ele nos criou para o louvor de sua glória.

Isso significa que o amor de Deus por nós é imerecido. Deus não nos amou por alguma qualidade que encontrou em nós. A causa do amor de Deus não está no objeto amado, mas nele mesmo, aquele que ama. Deus nos amou mesmo sabendo que seríamos rebeldes contra Ele. Deus não nos amou por causa de nossos méritos, mas apesar de nossos deméritos. Deus não apenas nos amou, mas nos deu seu Filho unigênito, para que todo o que nele crer não pereça, mas tenha a vida eterna. Deus não poupou a seu próprio Filho; antes, por todos nós, o entregou.

A cruz é símbolo de renúncia, dor, sofrimento e abandono, mas para nós, que cremos em Jesus, ela é o símbolo do maior amor que o ser humano pode experimentar: o amor eterno de Deus. Através da crucificação e ressurreição de Jesus, a cruz transcende sua natureza sombria e se torna um farol de luz para os fiéis, irradiando o amor incondicional de Deus por seu povo eleito.

O legado da cruz é vasto e profundo. Ela nos lembra da importância da humildade, da compaixão e do perdão. Ela nos convida a refletir sobre nossas próprias cruzes e desafios, incentivando-nos a carregá-los com coragem e fé, confiantes na promessa da vida eterna. A cruz nos ensina que, mesmo nos momentos mais sombrios, há esperança, pois o amor de Deus é eterno e inabalável.

Para o cristão, a cruz não é apenas um símbolo religioso, mas um lembrete constante do amor redentor de Deus e do sacrifício supremo de Jesus. Ela nos desafia a viver de acordo com os ensinamentos do Evangelho, a amar ao próximo como a nós mesmos e a buscar a justiça e a paz em um mundo marcado pela injustiça e pela violência.

Em última análise, o legado da cruz é um convite à transformação pessoal. É um chamado para vivermos de maneira que honre o sacrifício de Jesus, compartilhando o amor e a graça que recebemos com todos ao nosso redor. Que possamos, portanto, abraçar o legado da cruz com humildade e gratidão, reconhecendo que, através dela, encontramos o caminho para a verdadeira vida em comunhão com Deus e com o próximo.

Que ao final da leitura deste livro, você se sinta encorajado a dizer como o apóstolo Paulo: "Estou crucificado com Cristo; logo, já não sou eu quem vive, mas Cristo vive em mim; e esse viver que, agora, tenho na carne, vivo pela fé no Filho de Deus, que me amou e a si mesmo se entregou por mim" (Gálatas 2:19-20).

Hernandes Dias Lopes

PRIMEIRA PALAVRA

# PERDÃO

> "Pai, perdoa-lhes,
>     porque não sabem o que fazem."
>
> LUCAS 23.34

O Gólgota é chamado de monte da Caveira, pois ali, fora dos portões da cidade, os criminosos eram crucificados. No topo dessa montanha embrutecida, onde havia uma caveira gravada na rocha, Jesus, depois de ser cuspido, humilhado e esbordoado pelos soldados romanos, foi pregado na cruz. Os principais sacerdotes, com os escribas e os anciãos dos judeus, zombavam dele. Os soldados o escarneciam. Os que iam passando ao pé da cruz blasfemavam contra Ele. Os ladrões que haviam sido crucificados com Ele lhe diziam os mesmos impropérios. A resposta de Jesus a tudo isso foi: "Pai, perdoa-lhes, porque não sabem o que fazem" (Lucas 23:33-34).

Oh, que graça maravilhosa! Oh, que amor insondável! Jesus tem todo o poder nas mãos para, numa só palavra, condenar os que o crucificam: os líderes judaicos, os soldados romanos, a multidão que pediu "Crucifica-o!". A primeira palavra que Ele profere, no entanto, não é de condenação, mas de perdão aos que estão agindo com requintes de crueldade contra Ele.

A primeira palavra da cruz foi proferida em uma atitude mansa e uma oração benevolente. Vejamos, a seguir, cada um desses pontos.

## A ATITUDE DE JESUS NA CRUZ

O ministério de Jesus é marcado por benignidade e mansidão. "Tomai sobre vós o meu jugo e aprendei de mim, porque sou manso e humilde de coração" (Mateus 11:29), disse Ele. Jesus é manso e humilde. Ele não oprime, liberta. Ele não condena, perdoa. Ele não esmaga, alivia. Ele restaura o caído, ergue o abatido e põe de pé o prostrado.

Em sua Carta aos Filipenses, Paulo destaca a mansidão como o sentimento primordial de Cristo, que o levou a assumir "a forma de servo" (2:7). Jesus é Criador, Dono e Senhor do universo. Ainda assim, sendo Senhor, agiu como servo. Cingiu-se com a toalha e lavou os pés dos discípulos. Usou seu poder não em benefício próprio, mas para socorrer os aflitos. Foi para a morte como uma ovelha muda. Do alto da cruz, clamou perdão para seus algozes.

Ressaltamos a seguir duas características da atitude de Jesus.

## Jesus não pagou mal com mal

A Bíblia nos ensina a não pagar mal com mal, mas a sempre reagir ao mal com o bem (Romanos 12:17; 1Tessalonicenses 5:15; 1Pedro 3:9).

O ser humano tem mais problemas com a *reação* do que com a *ação*. Ação é o que fazemos às pessoas por iniciativa própria; reação é o que fazemos em resposta ao que as pessoas nos fazem. É fácil conviver com alguém que nos trata bem; o desafio é tratar bem quem nos trata mal. Não é difícil agir bem quando recebemos o bem. O desafio é agir bem quando recebemos o mal.

Nossa tendência natural nos diz para dar o troco de uma ofensa sofrida, para pagar o mal usando a mesma moeda. Uma das leis mais antigas do mundo, a *lex talionis*, lei de talião, estava baseada nesse princípio da reciprocidade direta, da retaliação equitativa. Podemos vê-la na lei mosaica:

> Mas, se houver dano grave, então, darás vida por vida, olho por olho, dente por dente, mão por mão, pé por pé, queimadura por queimadura, ferimento por ferimento, golpe por golpe (Êxodo 21:23-25).
>
> Se alguém causar defeito em seu próximo, como ele fez, assim lhe será feito: fratura por fratura, olho por olho, dente por dente; como ele tiver desfigurado a algum homem, assim se lhe fará (Levítico 24:19-20).

> Não o olharás com piedade: vida por vida, olho por olho, dente por dente, mão por mão, pé por pé (Deuteronômio 19:21).

O objetivo da lei mosaica não era o de incentivar a retaliação, mas de regular e restringir a vingança ilimitada. Jesus, porém, em seu ensino e em seu exemplo, trocou a retaliação limitada por retaliação zero.[1] No Sermão do Monte, Ele eliminou a antiga lei da vingança, que permitia a revanche, para introduzir a reação transcendental diante das injustiças sofridas. Ele ensinou:

> Não resistais ao perverso; mas, a qualquer que te ferir na face direita, volta-lhe também a outra; e, ao que quer demandar contigo e tirar-te a túnica, deixa-lhe também a capa. Se alguém te obrigar a andar uma milha, vai com ele duas (Mateus 5:39-41).

Aqui, Jesus não está tratando de ação, mas de reação. A reação transcendental diz respeito a reagir para além das reações naturais. A inclinação do nosso coração é por vingança, e não por misericórdia. Desejamos revidar, e não perdoar. As convenções de convivência humana nos ensinam a viver bem uns com os outros; mas só a graça de Deus nos capacita a tratar bem quem nos trata mal. Olho por olho e dente por dente são reações naturais; não resistir ao perverso e virar a outra face para quem já nos esbofeteou o rosto são reações transcendentais.

Em seu ensinamento, Jesus trata de situações universais. Oferecer a outra face, andar a segunda milha e dar também a capa são emblemas que falam respectivamente sobre a honra, a vontade e os bens inalienáveis de uma pessoa. Ferir o rosto de alguém é um atentado contra sua honra. Exigir a roupa que alguém está vestindo é destituí-lo de um bem básico. Obrigar alguém a caminhar é forçar a vontade alheia. Jesus diz que, mesmos nessas questões vitais, nossa reação não deve ser a natural, de vingança e retaliação,

---

[1] MOUNCE, Robert H. *Mateus*, p. 59.

mas a transcendental. O cristão é aquele que possui poder divino agindo em sua vida; portanto, tem condições de reagir de maneira sobrenatural. Pagar o bem com o bem é humano; pagar o mal com o bem é divino. Amar quem nos ama é natural; amar quem nos persegue é sobrenatural.

Mesmo que as pessoas firam nossa honra, constranjam nossa vontade e usurpem nossos bens mais íntimos, devemos reagir transcendentalmente. Fazendo assim, nós nos tornaremos filhos do Altíssimo e seguiremos as pegadas de Cristo, que não revidou ultraje com ultraje. O cristão não paga o mal com o mal, mas o mal com o bem. Ele não domina apenas suas ações, mas escolhe também suas reações.

Victor Frankl, psicoterapeuta austríaco, narra sua dolorosa história em seu livro *Em busca de sentido*. Ele foi apanhado pelos nazistas na Segunda Guerra Mundial e foi levado para o campo de concentração de Auschwitz, na Polônia. Enfrentou horrores indescritíveis. Perdeu tudo: a pátria, a cidadania, a família, a riqueza, o nome, a dignidade. Sobrou-lhe apenas um fiapo de vida ultrajada. Viu muitos prisioneiros sucumbindo diante do despotismo cruel dos soldados nazistas. Viu outros sendo empurrados para dentro de comboios superlotados, em direção às câmaras de gás. Porém, Victor também viu algo que chamou a sua atenção: pessoas que agiam, segundo ele, "fora do esquema":

> Quem dos que passaram pelo campo de concentração não saberia falar daquelas figuras humanas que caminhavam pela área de formatura dos prisioneiros, ou de barracão em barracão, dando aqui uma palavra de carinho, entregando ali a última lasca de pão? E mesmo que tenham sido poucos, não deixam de constituir prova de que no campo de concentração *se pode privar a pessoa de tudo, menos da liberdade última de assumir uma atitude alternativa frente às condições dadas.*[2]

---

[2] FRANKL, V. *Em busca de sentido*, p. 89. Grifo nosso.

Em suas observações, Victor concluiu que as pessoas podem ser roubadas de seus bens, afastadas de sua família, privadas de sua liberdade, mas ninguém tem o poder de tirar delas o direito de fazer suas próprias escolhas.

Na cruz, Jesus escolheu orar por seus inimigos e pedir ao Pai que os perdoasse. Cristo não decidia o que os outros lhe diziam e faziam, mas decidia o que Ele poderia lhes dizer e fazer. Jesus escolheu agir em favor deles, em vez de agir contra eles.[3] Ainda no jardim do Getsêmani, Jesus dissera a Pedro: "Acaso, pensas que não posso rogar a meu Pai, e ele me mandaria neste momento mais de doze legiões de anjos?" (Mateus 26:53). Se quisesse, Jesus também poderia clamar da cruz ao Pai, e anjos o resgatariam. Poderia descer da cruz e condenar as multidões com uma só palavra, assim como com um só toque curou a muitos. No entanto, Ele escolheu a cruz, e não as legiões de anjos; Ele escolheu orar, e não retrucar; Ele escolheu o perdão, e não a condenação.

A vingança é um sentimento hostil que tem destruído milhões de pessoas, roubando-lhes a paz e azedando sua alma. O ódio é um veneno letal que ataca a mente, enfraquece o corpo, contamina a alma e destrói a vida. Ódio produz ódio, e vingança desemboca em mais derramamento de sangue. Como disse o teólogo britânico George Bradford Caird: "Aquele que retalia pensa que está resistindo à agressão de modo varonil; na realidade, está se entregando incondicionalmente ao mal".[4] O único remédio para debelar esse mal é a prática do bem. Pagar o bem com o mal é crueldade; pagar o mal com o mal é vingança; pagar o mal com o bem é amor transcendental. Pagar o mal com o mal é o padrão de conduta dos incrédulos, mas pagar o mal com o bem é tornar-se semelhante ao nosso Senhor, que não revidou ultraje com ultraje; antes, intercedeu por seus algozes.

---

[3] SPROUL, R. C. *Mateus*, p. 169.
[4] Citado em MORRIS, L. L. *Lucas*, p. 122-123.

## Jesus intercedeu por seus inimigos

A primeira palavra que Jesus proferiu na cruz foi uma oração, não por si nem pelos seus, mas pelos seus inimigos. O escritor inglês Arthur Pink, ao examinar essa oração, nota oportunamente que, "ao orar por seus inimigos, Cristo não somente colocou diante de nós um exemplo perfeito de como devemos tratar aqueles que nos prejudicam e nos odeiam, mas Ele também nos ensinou a nunca considerar algo como além do alcance da oração".[5]

Jesus, como ser humano perfeito, foi um homem de oração. Considerou a vida de oração mais importante do que o ensino e a cura (Lucas 5:15-16). Para Ele, orar era mais necessário do que o descanso (Marcos 1:35) e o sono (Lucas 6:12). Jesus iniciou, continuou e concluiu seu ministério terrestre com oração (Lucas 3:21; 23:34). Da mesma forma, o seu ministério celestial se inicia com a oração (Romanos 8:34; 1João 2:1). A oração era a vida de Jesus. Estar com o Pai era o oxigênio da sua alma. Todo o seu ministério foi regado de intensa e perseverante oração.

Destacamos aqui três aspectos da vida de oração de Jesus.

Em primeiro lugar, *Jesus orava por si*. Jesus orou antes de cada grande crise de sua vida. Ele orou para ter comunhão com seu Pai e para receber a revelação de seu amor e a confirmação de seu ministério. Jesus, muitas vezes, saiu para lugares solitários a fim de buscar a face do Pai. O Pai era seu maior deleite e sua fonte de poder. O sucesso de seu ministério público foi alimentado no lugar secreto da oração.

Quando oramos, Deus nos consola antecipadamente para enfrentarmos as situações difíceis. Jesus orou no Getsêmani, minutos antes dos momentos amargos que atravessaria: seria preso, açoitado, cuspido, ultrajado, condenado e pregado numa cruz. Contudo, pela oração, o Pai o capacitou a beber esse cálice amargo sem retroceder. É pela oração que triunfamos.

---

[5] PINK, Arthur W. *Os sete brados do Salvador sobre a cruz*, p. 9.

A oração é uma via de mão dupla na qual nos deleitamos em Deus e Ele tem prazer em nós (Mateus 17:5). Deus tem prazer em manter comunhão com seu povo (veja Isaías 62:4-5; Sofonias 3:17). A essência da oração é a comunhão com Deus. O maior anseio de quem ora não são as bênçãos de Deus, mas o Deus das bênçãos.

Em segundo lugar, *Jesus orava pelos seus*. Cristo orou pelos discípulos. Nas suas diversas dificuldades, Jesus intercedeu por eles. Orou quando estavam passando por uma avassaladora tempestade (Mateus 14:22-33). Orou por Pedro quando este estava sendo peneirado pelo Diabo (Lucas 22:31-32). Antes de ir para o Getsêmani, orou pelos discípulos no cenáculo (João 17:9-18).

Pode-se dizer que a maior intercessão feita por Cristo se deu na cruz. Em seu sacrifício, Jesus ofereceu a Deus orações e súplicas, com forte clamor e lágrimas. Ele experimentou não apenas o sofrimento, mas o maior de todos os sofrimentos, o sofrimento vicário. Sendo santo, foi feito pecado por nós. Sendo bendito, foi feito maldição. Sendo o Amado do Pai, foi desamparado na cruz. Ele derramou sua alma na morte. Bebeu o cálice amargo da ira de Deus. Suportou em seu corpo o justo castigo que a lei impõe. Foi ferido e traspassado pelas nossas transgressões. No Getsêmani e na cruz, suportou angústia de morte e sofreu não apenas uma morte física, como se um mártir fosse, mas sofreu a morte eterna, uma morte vicária. Na verdade, ali no Calvário, Ele desceu ao inferno ao suportar o castigo que nos traz a paz.

Jesus não apenas deu o grito da angústia, mas de seus olhos saíram torrentes de lágrimas. Ele não apenas chorou no Getsêmani, mas também sangrou. O Filho de Deus tingiu a terra com suas lágrimas e com seu sangue! Travou por nós a mais terrível batalha, a batalha de sangrento suor. Foi ali que Ele enfrentou a angústia do inferno rondando seu peito. Foi ali que o inferno lançou sobre Ele todo o bafo de Satanás. Foi ali que Ele bebeu, sozinho, todo o amargo cálice da ira de Deus em nosso favor.

Jesus orou, clamou, chorou e sangrou no Getsêmani. Ele foi ouvido por causa de sua piedade. Ele pediu o afastamento do cálice — a morte eterna, resultado do juízo divino sobre o pecado. O Pai, porém, não o livrou da morte, mas do poder dela, pela ressurreição. Agora, tendo bebido o cálice e vencido a morte, Jesus está exaltado no céu, à destra de Deus, de onde continua a interceder pelos seus (Romanos 8:1,34,35).

Podemos ter segurança de salvação porque Ele vive para interceder por nós no céu (Hebreus 7:25). Ele intercede em nosso favor como nosso Advogado (1João 2:1). A boa notícia do evangelho é que temos um ser humano assentado à direita de Deus, intercedendo por nós. Um membro da raça humana foi exaltado, glorificado e, tendo liquidado a dívida causada por nossos pecados, é o nosso representante.[6] Por causa da intercessão de Cristo, Deus nos trata com misericórdia e não nos julga conforme os nossos pecados. Ele nos dá mais uma chance. Oferece-nos mais uma oportunidade.

Jesus é aquele que, sendo Deus e homem ao mesmo tempo, pode trazer Deus ao homem e levar o homem a Deus. Ele é o perfeito Mediador entre a humanidade e o Criador (1Timotéo 2:5). Ao morrer na cruz em nosso lugar, Jesus foi o sacerdote e o sacrifício, o ofertante e a oferta. Ele nos reconciliou com Deus e, agora, está à destra do Pai, de onde intercede por nós, fielmente, como nosso sumo sacerdote.

Quando nos aproximamos de Deus por meio de Cristo, Jesus está sempre presente, sempre à disposição e jamais se ausenta. Sendo todo-poderoso, não há quem Ele não possa ajudar. Não importa o que tenhamos feito antes, nem quantas vezes, Ele jamais nos decepciona. A presença dele no céu como representante do pecador é garantia de que ninguém que nele confia será rejeitado. É sempre bem-sucedida a sua intercessão em favor dos fracos e falhos pecadores.[7]

Não há circunstância que esteja fora do alcance de intervenção de Jesus. Os nossos caminhos jamais estão escondidos aos

---

[6] LOPES, A. N. *Hebreus*, p. 55.
[7] OLYOTT, S. *A carta aos Hebreus*, p. 68.

seus olhos. Ele está junto ao trono do Pai, intercedendo por nós. Nossos olhos devem estar em Cristo. Ele nunca mudou. O mesmo que ontem desceu da glória, morreu, ressuscitou e está assentado à destra de Deus é aquele que agora intercede por nós e que voltará em glória. Nele não há mudança. Nele podemos confiar.

Em terceiro lugar, *Jesus orou pelos seus inimigos*. Na cruz, Jesus ilustrou magistralmente o que havia ensinado aos seus discípulos: "Amai os vossos inimigos e orai pelos que vos perseguem" (Mateus 5:44). Os doutores da lei ensinavam corretamente a amar o próximo, como requer a lei (Levítico 19:18), mas a isso, eles acrescentavam: "Odiarás o teu inimigo" (veja Mateus 5:43). Em seu ensino, Jesus repudiou firmemente essa conclusão que não figura na lei.

Jesus refuta a tendenciosa hermenêutica dos doutores da lei, dizendo que, em vez de odiar os inimigos, devemos amá-los e orar por eles. Orar pelos que nos perseguem não fala primariamente de ação, mas de reação. É amar o inimigo, fazer o bem a quem nos odeia, bendizer quem nos maldiz, orar por quem nos calunia. Fritz Rienecker, pastor e teólogo alemão, lança luz sobre a correta compreensão desse assunto quando diz que o mandamento de amar os inimigos não significa amar a maldade ou a impiedade, mas amar, apesar de tudo, o ímpio em si; não porque é pecador e denigre o nome do ser humano por meio de suas atitudes, mas porque é ser humano e criatura de Deus.[8]

O coração desse ensino é a necessidade do amor. Jesus aqui não está pedindo o amor *storge*, "afeição natural"; nem o amor *éros*, "amor romântico"; nem o amor *philia*, "amor fraterno"; mas o amor *ágape*, "amor sacrificial".[9] É uma atitude de benevolência invencível, de infinita boa vontade para com outra pessoa, quem quer ela seja ou o que quer que tenha feito contra nós.[10] E a quem

---

[8] RIENECKER, F. *Evangelho de Lucas*, p. 161.
[9] MORRIS, L. L. *Lucas*, p. 122.
[10] BARCLAY, W. *Lucas*, p. 80.

devemos amar? Aqueles que nos insultam e nos ferem. Neste mundo, os pecadores mostram seu ódio evitando ou rejeitando os outros, insultando-os, cometendo abusos físicos e se envolvendo em contendas. Como devemos reagir a essas pessoas quando agirem assim conosco? Devemos amá-las, fazer o bem a elas e orar por elas.[11] Esse amor não é questão apenas de sentimento, mas, sobretudo, de atitude — uma conduta benevolente.

Esse amor transcendental nos leva a considerar três aspectos da ética cristã.

*Primeiro*, a ética cristã é positiva em sua ação. O cristianismo não é apenas uma coletânea de proibições negativas, mas um reservatório de princípios positivos a serem seguidos. Não basta aos filhos do reino não fazerem o mal a seu próximo; eles são instados a fazerem o bem. Não é suficiente deixar de odiar seus inimigos; eles precisam amá-los, servi-los e orar por eles. Não é suficiente para Cristo que seus seguidores se refreiem de atos que não gostariam que fossem praticados contra eles. Eles devem também ser ativos na prática do bem.[12]

*Segundo*, a ética cristã é medida por um padrão superior. Jesus ressaltou aos seus discípulos a necessidade de possuírem um padrão de conduta em relação ao próximo que era mais elevado que o padrão dos filhos do mundo.[13] Se amarmos apenas a quem nos ama, se fizermos o bem apenas a quem nos faz o bem, se emprestamos apenas às pessoas das quais esperamos receber, não teremos recompensa, pois os pecadores fazem o mesmo. Usar a régua do mundo para medir nossa ética é insuficiente para os filhos do reino. Não devemos nos comparar aos nossos vizinhos, mas ao Pai celestial, que é benigno e misericordioso até com os ingratos e maus.

---

[11] WIERSBE, W. W. *Comentário bíblico expositivo*. v. 5, p. 249.
[12] MORRIS, L. L. *Lucas*, p. 124.
[13] RYLE, J. C. *Meditações no Evangelho de Lucas*, p. 93.

*Terceiro*, a ética cristã possui uma motivação santa. Amando os inimigos, fazendo o bem a eles e orando por eles, receberemos grande galardão e seremos filhos do Altíssimo. Então, seremos semelhantes ao nosso Pai, e a nossa vida será um espelho a refletir o seu caráter (Lucas 6:36).

## A ORAÇÃO DE JESUS NA CRUZ

A atitude mansa e benigna de Jesus no Calvário está condensada na oração que eleva ao Pai. Essa foi a primeira palavra da cruz, uma intercessão por seus perseguidores. Sua oração contém uma única frase: "Pai, perdoa-lhes, porque não sabem o que fazem". Vejamos a seguir três características da oração de Jesus.

### O relacionamento de Jesus com o Pai

As primeiras palavras de Jesus registradas nos Evangelhos se encontram em Lucas. Ainda menino, Jesus fora a Jerusalém cultuar com seus pais por ocasião da festa da Páscoa. Quando a festa terminou, José e Maria voltaram com as caravanas para Nazaré, mas Jesus permaneceu em Jerusalém. Ao encontrá-lo, Maria sente-se aliviada, mas pergunta ao filho por que Ele tinha feito isso com eles, uma vez que ela e José estavam aflitos à sua procura. Jesus responde: "Por que me procuráveis? Não sabíeis que me cumpria estar na casa de meu Pai?" (2:49).

Essa expressão é digna de nota. Jesus não usa a expressão "nosso Pai", mas "meu Pai". Nenhum dos homens da velha aliança, por mais forte que fosse sua fé, por mais fervorosa que fosse sua devoção a Deus, jamais ousou chamar Deus de seu Pai pessoal.[14] Em nenhum momento da história judaica e em nenhuma literatura judaica até o décimo século é possível encontrar um judeu

---

[14] RIENECKER, F. *Evangelho de Lucas*, p. 74.

dirigindo-se a Deus como Pai.¹⁵ Na adoração coletiva, os judeus às vezes chamavam Deus de "nosso Pai", mas a maneira individual com que Jesus trata Deus como seu próprio Pai mostra a relação singular que Ele entendia ter com Deus.¹⁶ Assim, a resposta de Jesus a Maria mostra que Ele, desde cedo, tinha uma clara convicção de seu relacionamento especial com Deus, a quem chama de Pai.

Vejamos algumas características desse relacionamento.

Em primeiro lugar, *esse relacionamento é eterno*. O evangelista João apresenta Jesus como o Verbo eterno. Antes da criação do universo, nos recônditos da eternidade, o Verbo desfrutava de plena comunhão com Deus Pai. O Verbo e Deus Pai existiam face a face, compartilhando intimidade e propósito. João ainda diz que Jesus "está no seio do Pai, é quem o revelou" (João 1:18). Estar "no seio de alguém" é uma expressão hebraica que denota a maior intimidade possível na vida humana. Era usada para falar do relacionamento estreito de um filho com sua mãe, ou do marido com a esposa.¹⁷ Jesus, o Filho Unigênito, experimenta o relacionamento mais íntimo com Deus e o revela a nós como Pai.

Em segundo lugar, *esse relacionamento foi confirmado pelo Pai*. No início do ministério de Jesus, Deus confirmou a filiação dele. Tendo sido Jesus batizado, e estando Ele a orar, o céu se abriu e ouviu-se uma voz: "Tu és o meu Filho amado, em ti me comprazo" (Lucas 3:22). O Pai declara o seu amor pelo Filho, autentificando o ministério dele. A palavra "amado" não somente indica afeição, mas também traz a ideia de singularidade. A voz do céu aponta a completa aprovação do Pai à missão de Cristo como mediador e substituto. Jesus é Filho amado do Pai (Salmos 2), bem como o prazer e o deleite do Pai (Isaías 40). O Pai ficou plenamente satisfeito com sua encarnação, seu sacrifício e sua substituição. Em Jesus, o Pai considera as exigências da sua santa lei completamente

---

[15] SPROUL, R. C. *Mateus*, p. 124.
[16] CARSON, D A. *The Gospel According to John*.
[17] BARCLAY, W. *Juan I*, p. 82-83.

satisfeitas. Por meio de Cristo, o Pai está pronto a receber misericordiosamente pobres pecadores para nunca mais lembrar-se dos pecados deles.[18]

Em terceiro lugar, *esse relacionamento foi compartilhado por Jesus.* Em seu ministério, Jesus ensinou seus discípulos a se dirigem a Deus como Pai. O teólogo norte-americano R. C. Sproul diz de maneira maravilhosa: "Na estrutura bíblica, Deus tem um filho, o Filho Unigênito. Portanto, a única pessoa em toda a história que tem o direito legítimo de chamar Deus de 'Pai' é Jesus. Não obstante, Jesus, ao ensinar os discípulos a orar, instruiu-os a se dirigirem a Deus como 'Pai nosso'".[19] Na oração do Pai-nosso, Jesus ensinou seus discípulos que Deus não é um ser distante, mas está perto de nós, como Pai. Deus não é um fantasma cósmico, mas um Pai de amor. Ama-nos, conhece-nos, protege-nos, abençoa-nos.

Porém, só podemos chamar Deus de "Pai nosso" porque Ele nos adotou. Somente pelo Espírito Santo, o qual nos uniu a Cristo e promoveu nossa adoção na família de Deus, é que agora podemos dizer "Aba, Pai" (Romanos 8:15). No Império Romano, a adoção de um filho passava por quatro etapas:

*Primeiro*, ele deixava o nome da família antiga para usar o nome da família adotiva.
*Segundo*, anulava-se toda pendência que houvesse entre o filho e a família antiga. Ele se tornava participante da nova família.
*Terceiro*, o filho adotivo se tornava herdeiro tanto quanto os filhos naturais.
*Quarto*, a adoção era feita diante de testemunhas, para que o pai adotivo não voltasse atrás e desfizesse a adoção. A adoção tratava-se de um ato legal, jurídico e que não poderia ser quebrado à revelia.

---

[18] RYLE, J. C. *Meditações no Evangelho de Lucas*, p. 55.
[19] SPROUL, R. C. *Mateus*, p. 124.

Fomos adotados por Deus deliberadamente, e nos tornamos dignos de chamá-lo de Pai e de herdar, com Cristo, todas as coisas (Romanos 8:17). Deus, porém, não nos adotou porque éramos bons ou parecidos com Ele. Éramos fracos, ímpios, pecadores e inimigos. Mesmo assim, Deus pôs seu coração em nós e nos regenerou, e o Espírito age em nós para nos tornar à semelhança do Filho amado (2Coríntios 3:18).

Em quarto lugar, *esse relacionamento era marcado pela obediência*. A marca distintiva da vida de Jesus foi a obediência absoluta e espontânea à vontade do Pai. Ele foi "obediente até à morte e morte de cruz" (Filipenses 2:8). A cruz não foi uma surpresa, mas uma agenda. Cristo foi para a cruz porque o Pai o entregou por amor a nós (João 3:16; Romanos 5:8; 8:32).

Em quinto lugar, *esse relacionamento não era compreendido pelos outros*. Toda as vezes que Jesus afirmou ser Filho de Deus, os judeus procuraram matá-lo (João 5:18, 10:30-31,39).[20] No entendimento deles, ao se fazer um com Deus, Jesus estava blasfemando, e o pecado da blasfêmia era castigado com apedrejamento (Levítico 24:16). Essa também foi a prerrogativa usada por Caifás para condenar Jesus à morte. No julgamento conduzido pelo Sinédrio, o sumo sacerdote, deixando de lado toda diplomacia e sob juramento, faz uma pergunta direta e decisiva a Jesus: "Eu te conjuro pelo Deus vivo que nos digas se tu és o Cristo, o filho de Deus". Jesus respondeu: "Tu o disseste" (Mateus 26:63-64). Então Caifás, rasgando as vestes, sentencia: "Blasfemou! Que necessidade mais temos de testemunhas? Eis que ouvistes agora a blasfêmia! Que vos parece? Responderam eles: É réu de morte" (v. 65-66). Com essa resposta, Jesus demonstrou seu valor e sua confiança. Ele sabia que essa resposta significava sua morte, mas não titubeou em dá-la com clareza, uma vez que tinha a total confiança em seu triunfo final. Em seu julgamento, na cruz, na ressurreição e em sua glória, Jesus permaneceria sendo o Filho amado do Pai.

---

[20] SPROUL, R. C. *Mateus*, p. 124.

## A oração de Jesus ao Pai

A oração de Jesus por seus inimigos consistiu em um pedido de perdão em favor daqueles que o crucificavam. Jesus não apenas rogou ao Pai para que perdoasse seus executores, mas também lhes atenuou a culpa, dizendo que eles não sabiam o que estavam fazendo. Vejamos esses dois pontos da oração de Jesus.

Em primeiro lugar, *Jesus pediu para os seus algozes o perdão do Pai*. Antes, Jesus havia perdoado pecadores e foi duramente criticado pelos líderes religiosos. Estes diziam, corretamente, que apenas Deus tem autoridade para perdoar pecados. O que falhavam em compreender era a pessoa e a obra de Jesus. Deixaram de vê-lo como o Messias prometido, o Filho de Deus, e passaram a julgá-lo como um blasfemo (Marcos 2:7). Agora, na cruz, Jesus se utiliza da teologia que os doutores da lei bem conheciam para demonstrar-lhes seu amor pelos homens e sua intimidade com o Pai: Ele pede ao Pai para perdoar os pecados que estavam sendo cometidos contra o Filho.

É notável o fato de que Jesus tenha feito um pedido ao Pai. A Bíblia nos revela que Jesus, embora seja o Deus verdadeiro, e possua títulos e direitos divinos, sempre se submete à vontade do Pai. Ele disse: "Em verdade, em verdade vos digo que o Filho nada pode fazer de si mesmo, senão somente aquilo que vir fazer o Pai; porque tudo o que este fizer, o Filho também semelhantemente o faz" (João 5:19). Jesus veio ao mundo para cumprir a vontade do Pai, para realizar a agenda do Pai e, nesse sentido, Ele é absolutamente submisso ao Pai. Para Jesus, oração não é determinar a Deus o que Ele quer, mas se submeter à sua soberana vontade e ao seu eterno propósito.

Tudo o que Jesus pedia era consoante à vontade de Deus, compatível com a verdade de Deus e glorificava o nome de Deus. À entrada da sepultura de Lázaro, Ele orou: "Pai, graças te dou porque me ouviste. Aliás, eu sabia que sempre me ouves" (João 11:41-42). Seu pedido na cruz expressa sua confiança na misericórdia do Pai, pois

Deus perdoa todas as iniquidades (Salmos 103:3). Jesus pediu, certo de que seria ouvido.

William Hendriksen, estudioso do Novo Testamento, entende que o pedido de Jesus ao Pai significava: "Apaga completamente suas transgressões. Em tua graça soberana, leva-os ao arrependimento verdadeiro, para que possam e sejam plenamente perdoados".[21]

A experiência mais doce que se pode ter é a certeza do perdão divino. O perdão de Deus é gratuito, generoso, certo e fundamental.[22] Davi expressou muito bem esta verdade: "Bem-aventurado o homem cuja transgressão é perdoada e cujo pecado é coberto" (Salmos 32:1). Uma consciência atormentada pelo peso da culpa e pela inquietação provinda da impossibilidade de pagar a Deus a sua dívida é uma das maiores tragédias espirituais da humanidade.[23]

Deus se ira contra o pecado, mas a sua misericórdia suplanta a sua ira. Davi afirma que "quanto dista o Oriente do Ocidente, [Deus] afasta de nós as nossas transgressões" (Salmos 103:12). Isaías diz que Deus afasta nossas transgressões como a névoa, e os pecados como a nuvem (44:22), Ele apaga as nossas transgressões e não mais se lembra delas (43:45). O profeta Miqueias diz que Deus lança "todos os nossos pecados nas profundezas do mar" (7:19). O perdão de Deus é completo. Ele é poderoso para perdoar todas as iniquidades, e não apenas algumas delas.

Em virtude do sangue derramado de Cristo na cruz, temos perdão completo. Paulo escreve que Cristo "vos deu vida juntamente com Ele, perdoando todos os nossos delitos; tendo cancelado o escrito de dívida, que era contra nós e que constava de ordenanças, o qual nos era prejudicial, removeu-o inteiramente, encravando-o na cruz" (Colossenses 2:13-14). O apóstolo usa aqui um conceito comercial da época. A palavra grega *queirografon*, "escrito de dívidas", era uma nota escrita a mão por um devedor que reconhecia

---

[21] HENDRIKSEN, W. *Exposition of the Gospel According to Luke*, p. 1028.
[22] HENDRIKSEN, W. *Colosenses y Filemon*, p. 140.
[23] FALCÃO, S. A. *Meditações em Colossenses*, p. 115.

sua dívida. Essa palavra era um termo técnico utilizado para designar o reconhecimento por escrito de um débito. Era como uma nota promissória assinada pessoalmente pelo devedor.[24] Nela, ficava assentido que uma pessoa lhe havia confiado ou emprestado dinheiro, e que deveria devolvê-lo na ocasião combinada.

Nossos pecados são uma longa lista de dívida para com Deus. Trata-se de uma acusação que pende contra nós mesmos; ou seja, uma lista de acusações que o ser humano devedor assinou e reconheceu firma.[25] No entanto, Deus anulou ou apagou a lista de acusações. A palavra grega traduzida em Colossenses 2:14 por "removeu-o" significa "apagar, anular, queimar ou inutilizar uma acusação ou dívida escrita".[26] Essa palavra era empregada quando se falava de uma experiência apagada da memória, de um voto cancelado, de uma lei anulada ou de um débito cancelado.[27] Deus anulou o documento de nossos pecados; Ele apagou o registro das nossas dívidas de forma tão completa como se elas jamais tivessem existido.

A imagem é a de um tribunal. O réu está no banco. A escrita repleta de acusações está sendo preparada e lida, mas o juiz, que é Deus, inocentou o acusado, uma vez que, na morte de Jesus, seu Filho amado, todas as exigências da lei foram inteiramente satisfeitas.[28]

No mundo antigo, quando se cancelava uma lei, um decreto ou uma prescrição, eles eram fixados em uma tábua com um prego. Na cruz de Cristo, nossa lista de dívidas também foi crucificada. Todas as acusações que pesavam contra nós foram pregadas com Ele. Nossas acusações foram executadas. Foram eliminadas como se nunca tivessem existido. Em sua misericórdia, Deus destruiu,

---

[24] RIENECKER, F.; ROGERS, Cleon. *Chave linguística do Novo Testamento grego*, p. 426.
[25] BARCLAY, W. *Filipenses, Colosenses, I y II Tesalonicenses*, p. 151.
[26] BARCLAY, W. *Filipenses, Colosenses, I y II Tesalonicenses*, p. 152.
[27] RIENECKER, F; ROGERS, C. *Chave linguística do Novo Testamento grego*, p. 426.
[28] SHEDD, R. *Andai nele*, p. 52.

prescreveu e eliminou todos os registros das nossas dívidas.[29] Desse modo, experimentamos o perdão do Pai.

Precisamos aprender a estender o perdão, como Jesus o fez. Jesus nos diz que devemos perdoar se quisermos ser perdoados (Mateus 6:12, Marcos 11:25-26). Nem mesmo nossas ofertas serão aceitas por Deus sem que primeiro tenhamos acertado nossas pendências com os outros (Mateus 5:23-24). Se Deus não tem prazer em nossa vida, Ele não aceita as nossas ofertas nem o nosso culto. Não há cristianismo sem perdão.

É um grave delito não perdoar as pessoas que pecam contra nós. Não importa a gravidade do problema nem há quanto tempo ele existe; não importa o tamanho da injustiça sofrida nem os danos causados pela relação. A ordem de Deus é: "Perdoai". Concordo com o biblista norte-americano Russell Champlin quando ele diz: "Aquilo que Deus faz, isso Ele exige dos seres humanos. Assim fazendo, participamos da grandeza divina, quando exibimos amor, longanimidade, misericórdia e perdão".[30] Devemos perdoar porque fomos perdoados. Devemos perdoar como fomos perdoados. Esse perdão deve ser recíproco, completo e restaurador, como o perdão de Deus.

Destacamos algumas verdades importantes sobre o perdão:

*Primeiro*, o perdão deve ser incondicional. Na parábola do credor incompassivo (Mateus 18:23-35), Jesus fala de um homem que devia dez mil talentos e foi perdoado. Nessa passagem, Jesus usou uma hipérbole, pois seria impossível um homem dever essa quantia toda. Dez mil talentos equivaliam a 350 mil quilos de ouro ou prata, e isso era o que toda a nação judaica arrecadava em impostos durante cerca de 13 anos. Jesus está falando, portanto, de uma dívida impagável. Da mesma forma que o homem da parábola não poderia pagar uma dívida tão alta, também

---

[29] BARCLAY, W. *Filipenses, Colosenses, I y II Tesalonicenses*, p. 152.
[30] CHAMPLIN, R N. *O Antigo Testamento interpretado*. v. 1, p. 784-785.

nunca poderemos pagar a nossa dívida com Deus. Ele, porém, em vez de cobrá-la de nós, pagou-a em Cristo e nos estendeu, em vez da condenação, o perdão. Não merecemos o perdão que Deus nos dá, mas Ele o fez gratuita e incondicionalmente.

*Segundo*, devemos perdoar porque fomos perdoados. A igreja é a comunidade dos perdoados. Aqueles que são receptáculos do perdão devem ser também canais do perdão. O perdão que recebemos de Deus é sempre maior do que aquele que concedemos ao próximo. Jamais podemos sonegar perdão aos que nos ofendem, pois o perdão que recebemos de Deus é sempre maior do que o perdão que conseguimos oferecer.

*Terceiro*, devemos perdoar porque temos queixas uns contra os outros. As pessoas nos decepcionam, e nós decepcionamos as pessoas. Ferimos as pessoas, e elas nos ferem. Mais pessoas sofrem por causa de outras pessoas do que por causa de circunstâncias. Nós nos queixamos uns dos outros, por isso o perdão é uma necessidade vital. Não basta apenas deixar de retaliar, é preciso perdoar.

*Quarto*, devemos perdoar assim como Deus em Cristo nos perdoou. Deus nos perdoa completamente e esquece os nossos pecados. Obviamente, quando a Bíblia diz que Deus perdoa e esquece, ela não está dizendo que Deus tem amnésia. Deus se lembra de tudo e de todos. Quando a Bíblia diz que Deus se esquece de nossos pecados, isso significa que Ele não lança em nosso rosto aquilo que Ele mesmo já perdoou. Deus não cobra novamente essa dívida. É assim que devemos perdoar. Perdoar é zerar a conta. É lembrar sem sentir dor.

*Quinto*, devemos perdoar reciprocamente. O perdão não é unilateral, mas bilateral. Devemos perdoar-nos uns aos outros. Quem ofendeu deve pedir perdão, e quem foi ofendido deve perdoar. Mesmo que o ofensor reincida no seu erro várias vezes a ponto de precisar vir sete vezes durante o dia pedir perdão, devemos perdoá-lo. O perdão recíproco não tem limites. Devemos perdoar até setenta vezes sete!

*Sexto*, o perdão deve ser imediato. Sofre muito quem guarda mágoa no coração. A pessoa torna-se escrava de quem ela odeia. A amargura perturba e contamina (Hebreus 12:15). Quem nutre ressentimento no coração não tem paz. Essa pessoa se torna um poço de conflito. Sua alma vive perturbada. Quem não perdoa torna-se uma pessoa agressiva, mal-humorada, ranzinza, que contamina os que estão ao seu lado. Torna-se uma péssima companhia.

Concordo com o escritor irlandês C. S. Lewis quando ele diz que é mais fácil falar de perdão do que exercer o perdão. Não é difícil pregar ou escrever sobre perdão; o desafio é perdoar aqueles que nos ferem. A dor mais cruel que já senti foi quando meu irmão foi assassinado aos 27 anos. A dor foi tão avassaladora que perdi a voz ao receber a notícia. Porém, quando recobrei as forças, a primeira palavra que Deus colocou nos meus lábios foram: "Eu perdoo o assassino". Na verdade, eu não tinha outra opção. Perdoava ou adoecia. Perdoava ou minha vida se transformaria num inferno.

Quem não perdoa adoece física e espiritualmente. Quem não perdoa não tem paz nem descanso para a alma. Quem não perdoa azeda o coração, implode, autodestrói-se. Quem não perdoa é entregue aos flageladores e verdugos da consciência. Quem não perdoa vive em cativeiro, vive acorrentado e subjugado. Quem não perdoa é como um vulcão cuspindo fogo antes da devastadora erupção. O perdão é a assepsia da alma, a faxina da mente, a cura das memórias amargas.

O perdão é uma necessidade vital e até mesmo uma questão de bom senso. Quem não perdoa torna-se cativo do seu desafeto. Se você nutrir mágoa no coração por alguém, essa pessoa manterá você no cativeiro do ódio. Você acabará convivendo diariamente com ela. Você se assentará para tomar uma refeição, e essa pessoa tirará seu apetite. Você tentará descansar depois de um dia de trabalho exaustivo, e essa pessoa fará seu sono tornar-se pesadelo. Você sairá de férias com sua família, e essa pessoa pegará carona com você para estragar seu passeio e azedar sua alma. Perdoar é ficar livre e deixar a outra pessoa livre!

O perdão não é questão de justiça nem de merecimento. O perdão é uma obra da graça de Deus em nós. Perdoar é não mais culpar alguém por uma ofensa cometida contra nós. Perdoar é abrir mão da dívida moral de quem nos devia. É deixar o outro ir em liberdade enquanto você fica livre. Perdoar é saber que só Deus pode julgar corretamente. É desistir de ser juiz. É colocar o ofensor nas mãos de Deus. É alforriar o devedor no coração. É não se deixar vencer pelo mal; antes, vencer o mal com o bem.

Em segundo lugar, *Jesus atenua a culpa de seus algozes.* Quando estava pregado no leito vertical da morte, suspenso na cruz entre a terra e o céu, sofrendo dores alucinantes e cravejado pela zombaria da multidão sedenta de sangue, Jesus pediu: "Pai, perdoa-lhes, *porque não sabem o que fazem*". Com isso, Jesus ressalta a ignorância de seus algozes quanto ao pecado que cometiam.

Segundo a lei mosaica, havia apenas uma coisa a ser feita para a pessoa que pecasse deliberadamente, sabendo bem que estava quebrando um mandamento de Yahweh. Tal indivíduo deveria ser *eliminado* do meio do povo, o que poderia significar o banimento ou o apedrejamento (Números 15:30-31). Por outro lado, a pessoa que pecasse em ignorância, sem intenção de ofender a lei, receberia uma oportunidade de se arrepender e buscar o favor de Deus por meio da expiação (Levítico 4). A ignorância não removia a culpa do pecador, mas atenuava as circunstâncias.[31]

Os soldados que estavam ao pé da cruz certamente não sabiam o que estavam fazendo. Para eles, Jesus era mais um rebelde que deveria ser crucificado para que a paz do Império fosse mantida. Os líderes judeus, por outro lado, rejeitaram Jesus e seu ensino. Eles pediram a crucificação de Jesus movidos pela inveja. Ainda assim, embora soubessem que o que faziam era perverso, não compreendiam a extensão de sua perversidade.

---

[31] WIERSBE, W. W. *The Wiersbe Bible Commentary:* New Testament, p. 330.

A intercessão de Jesus na cruz foi também uma intercessão por um povo desobediente e obstinado. Por diversas vezes, o povo de Israel se rebelou contra Deus, e o Senhor esteve a ponto de destruí-lo se não fosse a intercessão de Moisés (Êxodo 32; Números 14; 16). Em cada uma dessas situações, Moisés apelou à misericórdia de Deus: "Perdoa, pois, a iniquidade deste povo, segundo a grandeza da tua misericórdia e como também tens perdoado a este povo desde a terra do Egito até aqui" (Números 14:19). O perdão está arraigado no amor de Deus. Moisés fez o seu apelo com base na compreensão que tinha do amor divino.[32]

Certamente, a crucificação de Jesus foi o mais grave pecado nacional cometido por Israel.[33] Pedro ressalta isso quando fala ao povo no templo, logo após curar o aleijado que esmolava à porta Formosa. Diz o apóstolo: "Vós, porém, negastes o Santo e o Justo e pedistes que vos concedessem um homicida. Dessarte, matastes o Autor da vida, a quem Deus ressuscitou dentre os mortos, do que nós somos testemunhas" (Atos 3:14-15). O assassinato estava claramente proibido nos Dez Mandamentos. Como os demais pecados deliberados, o homicídio não possuía meio de expiação: "Não aceitareis resgate pela vida do homicida, que é culpado de morte: antes será ele morto" (Números 35:31). Jesus amplia o sexto mandamento e inclui aí ódio, inveja, má vontade, ira indevida e pensamentos maliciosos.[34] Tanto pela lei mosaica como pela lei de Cristo, os judeus seriam considerados culpados de morte.

Pedro, porém, em sua pregação, também atenuou a culpa dos judeus e suas autoridades, assim como o Mestre fizera na cruz: "E agora, irmãos, eu sei que o fizestes por ignorância, como também as vossas autoridades" (Atos 3:17). Qual era a ignorância deles? A verdadeira natureza daquele que haviam crucificado, que Pedro chama, em seu discurso, de Santo, Justo e Autor da Vida, a fim

---

[32] CHAMPLIN, R. N. *O Antigo Testamento interpretado.* v. 1, p. 581.
[33] CHAMPLIN, R. N. *O Antigo Testamento interpretado.* v. 1, p. 581.
[34] CHAMPLIN, R. N. *O Antigo Testamento interpretado.* v. 1, p. 465.

de mostrar ao povo que o homem que haviam entregue para ser crucificado não era um homem comum.[35] Paulo reitera essa verdade dizendo que "os que habitavam em Jerusalém e as suas autoridades, não conhecendo Jesus nem os ensinos dos profetas que se leem todos os sábados, [...] o condenaram", e fizeram isso porque ignoravam a sabedoria de Deus, "sabedoria essa que nenhum dos poderosos deste século conheceu; porque, se a tivessem conhecido, jamais teriam crucificado o Senhor da glória" (1Coríntios 2:8). Consciente da ignorância dos que o crucificavam, Jesus pede que Deus os perdoe e não lhes impute a pena que mereciam por seus atos, a saber, a morte.

## A RESPOSTA DO PAI À ORAÇÃO DE JESUS

Podemos nos questionar se Deus ouviu a oração de Jesus. No Antigo Testamento, as orações de Moisés foram atendidas. Ainda que o povo rebelde tenha sido proibido de adentrar a Terra Prometida (Números 14:28-35), Deus conservou sua aliança com Abraão e concedeu aos descendentes dele a terra de Canaã.

A oração fervorosa e persistente é uma das mais poderosas forças que há na face da terra (veja Tiago 5:16). Da mesma forma, a misericórdia é um dos mais maravilhosos atributos de Deus: "Um dos grandes itens da revelação divina é que Deus perdoa a transgressão e a iniquidade. Se isso não fosse verdade, então nenhum ser humano jamais seria alvo do favor divino".[36]

No ano 70 d.C., a cidade de Jerusalém foi tomada por forças romanas e destruída. O templo foi arrasado, e não ficou pedra sobre pedra. Todos os que estavam dentro da cidade pereceram. Muitos poderiam ter a impressão de que Deus não havia perdoado a nação culpada de crucificar seu Filho. No entanto, Jerusalém não caiu imediatamente após a crucificação de Jesus. Por um período

---

[35] WIERSBE, W. W. *The Wiersbe Bible Commentary*: New Testament, p. 330.
[36] CHAMPLIN, R. N. *O Antigo Testamento interpretado*. v. 1, p. 784.

de cerca de quarenta anos, o evangelho da salvação plena e gratuita foi proclamado aos judeus. Não apenas isso: muitos verdadeiramente se converteram ao Senhor.[37]

Em vez derramar sua ira sobre os judeus, Deus derramou seu Espírito no Pentecostes (Atos 2). Pelo poder do Espírito Santo, Pedro pregou no templo, ousadamente anunciando o crime que a cidade e suas autoridades haviam cometido, mas também lhes conferindo a possibilidade de se arrependerem e se converterem, "para serem cancelados os vossos pecados" (Atos 3:19).[38] Aproximadamente duas mil pessoas se converteram com esse sermão (Atos 4:4).

Lemos em Tiago que "muito pode, por sua eficácia, a súplica do justo" (5:16). Não existe nenhuma força na terra mais potente do que a oração dos justos, feita com fé, em nome de Jesus e no poder do Espírito Santo. A oração é a força mais extraordinária que há na terra porque a oração une a fraqueza humana e a onipotência divina. A oração conecta o altar da Terra com o trono do céu. As orações dos santos sobem do altar para o trono e, em resposta, descem do trono à Terra para realizar grandes mudanças na história. É verdadeira a frase: "Quando a igreja ora, o céu se move, a terra treme e coisas extraordinárias acontecem".

É um fato que Deus é soberano e faz todas as coisas conforme o conselho da sua vontade. Ele está assentado no trono e tem as rédeas da História em suas mãos. Entretanto, aprouve a Ele, em sua soberania, agir na História por meio da oração do seu povo. Na oração, nós nos unimos aos propósitos daquele que está assentado na sala de comando do universo e faz todas as coisas conforme o conselho de sua vontade.

Deus muda as circunstâncias por meio da oração. Deus transforma pessoas por meio da oração. Deus cura enfermos por meio da oração. Deus restaura filhos e filhas por meio da oração. Deus visita e fortalece a sua igreja em resposta à oração. Deus traz

---

[37] HENDRIKSEN, W. *Exposition of the Gospel According to Luke*, p. 1028.
[38] WIERSBE, W W. *The Wiersbe Bible Commentary*: New Testament, p. 330-331.

avivamento para as nações em resposta à oração. Deus liberta os cativos por meio da oração. Deus reverte situações humanamente impossíveis em resposta à oração. Deus age por meio da oração. De fato, muito pode, por sua eficácia, a súplica dos justos.

A palavra de perdão nos fala da graça do Senhor. No primeiro sermão que pregou em Nazaré, Jesus anunciou "o ano aceitável do Senhor", ou seja, o ano da graça do Senhor (Lucas 4:19). Era uma referência ao Ano do Jubileu, ocasião em que dívidas eram canceladas e as terras eram devolvidas aos donos originais. O Ano do Jubileu era uma demonstração da graça de Deus que, por meio de Cristo, trouxe aos pecadores o perdão de seus delitos e a vida eterna.

Não somos salvos pelo sacrifício que fazemos para Deus, mas pelo supremo sacrifício que Deus fez por nós, entregando seu próprio Filho para morrer em nosso lugar. Deus nos amou quando éramos fracos, ímpios, pecadores e inimigos, e deu seu Filho Unigênito para morrer por pecadores indignos. Ele nos perdoou e não nos imputou a culpa que nos era devida. Isso é graça, maravilhosa graça.

SEGUNDA PALAVRA

# SALVAÇÃO

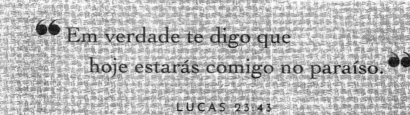

> **“** Em verdade te digo que hoje estarás comigo no paraíso. **”**
>
> LUCAS 23:43

A segunda palavra de Jesus na cruz foi em resposta ao pedido do ladrão crucificado ao seu lado direito. O homem pediu a misericórdia de Jesus. A resposta foi límpida, lúcida, cristalina e diáfana: "Em verdade te digo que hoje estarás comigo no paraíso" (Lucas 23:43).

Como a graça de Deus é maravilhosa! Aquele homem que vivera a vida toda no crime, agora, antes do apagar das luzes, recebia a chance de ser salvo e perdoado. Ele encontrou a oportunidade de obter uma promessa da parte de Jesus. Recebeu acesso e lugar no paraíso, ao lado do Salvador. O biblista norte-americano Harold Willmington registra quatro contrastes na vida desse homem:

*Primeiro*, de manhã, ele foi pregado na cruz; à noite, usava uma coroa.
*Segundo*, de manhã, ele era inimigo de César; à noite, era amigo de Deus.
*Terceiro*, de manhã, ele foi desprezado pelos homens; à noite, estava em companhia de anjos.
*Quarto*, de manhã, ele morreu como um criminoso na Terra; à noite, viveu como um cidadão dos céus.[1]

## A CRUZ DO CENTRO

A crucificação era o mais cruel e sórdido dos castigos romanos. Consistia em fixar os braços ou as mãos da vítima em um travessão para então içá-la até que ficasse em cima da estaca vertical,

---

[1] WILLMINGTON, H. L. *Guia de Willmington para a Bíblia*, p. 426.

na qual seus pés eram afixados. As mãos e os pés eram presos à madeira com pregos.[2] Dores lancinantes, câimbras insuportáveis, asfixia atordoante e sede implacável torturavam as vítimas expostas ao mais vexatório espetáculo de horror. De acordo com Cícero, estadista e filósofo romano, a crucificação era o mais cruel e vergonhoso dos castigos romanos. Essa forma de pena capital era reservada aos criminosos mais sórdidos, especialmente os que instigavam insurreições.[3]

No topo da montanha da Caveira, três cruzes foram erguidas. Ao lado de Jesus, foram crucificados dois criminosos, um do lado direito, outro do lado esquerdo. Por que Jesus foi colocado na cruz do meio? Vejamos quatro razões para isso.

Em primeiro lugar, *para demonstrar plenamente as insondáveis profundezas da vergonha a que havia descido*. Paulo escreve que Cristo Jesus "a si mesmo se humilhou, tornando-se obediente até à morte, e morte de cruz" (Filipenses 2:8). Cristo se esvaziou e se humilhou quando se fez homem. Depois, fez-se servo e desceu, assim, mais um degrau nessa escada de humilhação. Ele alcançou as profundezas da vergonha quando suportou a morte, e morte de cruz. O Senhor consentiu em terminar a vida num patíbulo romano, morrendo sob condenação divina. Jesus lançou-se a um imenso mergulho dos mais elevados píncaros da glória aos mais profundos vales da vergonha; da luz de Deus para a escuridão da morte.[4]

Não apenas Ele se humilhou como foi também humilhado em sua morte. Ao redor da cruz, havia três grupos de adversários:[5]

*Primeiro*, os pecadores ignorantes que por ali passavam e meneavam a cabeça em desprezo, dizendo: "Ó tu que destróis o santuário e em três dias o reedificas! Salva-te a ti mesmo, se és Filho de Deus, e desce da cruz!" (Mateus 27:40).

---
[2] BRUCE, F. F. *João*, p. 313.
[3] WIERSBE, W. W. *Comentário bíblico expositivo*. v. 5, p. 494.
[4] MARTIN, R. P. *Filipenses*, p. 113.
[5] TASKER, R. V. G. *Mateus*, p. 210.

SALVAÇÃO

*Segundo*, os pecadores religiosos, os membros do Sinédrio, que continuavam a insultar o Senhor; em parte para reprimir qualquer sentimentalismo que levasse a uma mudança de veredicto. Eles zombavam de Jesus, dizendo: "Desça agora da cruz o Cristo, o rei de Israel, para que vejamos e creiamos" (Marcos 15:32).

*Terceiro*, os pecadores condenados, pendurados às cruzes laterais, que insultavam Jesus falando-lhe, como os outros: "Confiou em Deus; pois venha livrá-lo agora, se, de fato, lhe quer bem; porque disse: Sou Filho de Deus" (Mateus 27:43, veja v. 44).

Em segundo lugar, *para nos mostrar a posição que Ele ocupou como nosso substituto*. A cruz de Jesus estava no meio porque, historicamente, o reputaram como o maior criminoso, condenado por crime de blasfêmia contra Deus e sedição contra César. Contudo, a cruz de Jesus estava no meio porque, espiritualmente, em Jesus, todos os seres humanos são julgados.

Ao assumir forma humana, Jesus experimentou por nós a morte como nosso representante e substituto. Ao pagar a dívida de nossos pecados, Ele alcançou para nós a glória que Deus prometera ao ser humano. A morte que Jesus suportou por nós foi sacrificial, vicária e substitutiva. Ele provou a morte não sorvendo apenas parte do cálice da ira divina, mas bebendo-o até a última gota. Jesus não pensou em si mesmo. Ele pensou nos outros. Ele abriu mão de sua glória, desceu das alturas e usou seus privilégios para abençoar os outros.

Em terceiro lugar, *para cumprir a Palavra e a vontade de Deus*. Provavelmente, ao crucificar Jesus entre dois criminosos, a intenção de Pilatos teria sido a de insultar ainda mais os judeus. Concordo com o teólogo Donald Carson quando diz:

> Com essa aclamação de Jesus, ele [Pilatos] simultaneamente joga, com amarga ironia, a acusação espúria de sedição na cara deles e zomba da posição de vassalos deles por dizer que um prisioneiro ensanguentado e desamparado é o único rei que eles podem ter. Mas, novamente, o evangelista vê uma ironia ainda mais profunda.

Pilatos, como Caifás antes dele (João 11:49-52), falou mais que sabia. O rei dos judeus havia muito esperado estava diante deles, e eles não o reconheceram.[6]

Nas palavras de William Hendriksen, especialista em Novo Testamento, é como se Pilatos dissesse: "É esse seu rei, ó judeus? Um rei que nem mesmo é melhor do que um bandido e que, por isso, merece ser crucificado entre dois deles".[7] No entanto, ao fazer isso, Pilatos involuntariamente cumpriu a profecia de Isaías, mencionada pelo próprio Jesus horas antes, quando ainda se encontrava no cenáculo com seus discípulos: "Pois vos digo que importa que se cumpra em mim o que está escrito: 'Ele foi contado com os malfeitores'. Porque o que a mim se refere está sendo cumprido" (Lucas 22:37).

Semanas após a morte de Jesus, a igreja de Deus afirmou o desígnio soberano de Deus em tudo o que havia acontecido: "De fato, isso aconteceu aqui, nesta cidade, pois Herodes Antipas, o governador Pôncio Pilatos, os gentios e o povo de Israel se uniram contra Jesus, teu santo Servo, a quem ungiste. *Tudo que fizeram, porém, havia sido decidido de antemão pela tua vontade*" (Atos 4:27-28). A igreja entendeu que a maldade humana não foi, e jamais será, capaz de frustrar os desígnios de Deus. Herodes e Pilatos, que eram inimigos, uniram suas forças numa abominável coalizão contra Jesus. Essa orquestração, porém, longe de frustrar os propósitos de Deus, cumpriu sua soberana vontade. A soberania de Deus não anula a responsabilidade humana, nem a maldade humana frustra os soberanos propósitos divinos.

Em quarto lugar, *como sinal de divisão*. Quando o bebê Jesus foi apresentado no templo por seus pais, um homem justo e piedoso chamado Simeão, movido pelo Espírito Santo, foi ao templo no exato momento em que o bebê era apresentado. Guiado pelo Espírito, Simeão diz à Maria: "Eis que este menino está destinado

---

[6] CARSON, D. A. *O comentário de João*, p. 607.
[7] HENDRIKSEN, W. *Lucas*. v. 2, p. 651.

tanto para ruína como para levantamento de muitos em Israel e para ser alvo de contradição" (Lucas 2:34).

Até hoje, a humanidade se divide diante de Jesus. Alguns enaltecem o evangelho, o poder de Deus para a salvação de todos os que nele creem, enquanto outros consideram o Cristo crucificado um estorvo, um escândalo, uma tolice e um absurdo.[8]

Simeão também diz a Maria que por meio da pessoa de Jesus, os pensamentos de muitos corações seriam manifestos. Jesus traria à luz o que estava oculto, as intenções humanas, os verdadeiros desejos dos homens. Por causa dele tornaram-se conhecidas a traição de Judas; a autoconfiança de Pedro; a hipocrisia dos fariseus; a covardia de Pilatos; a volubilidade do povo de Israel, que oscilou entre "Hosana!" e o "Crucifica-o!". As palavras de Simeão apontam, outrossim, para a função revelatória da obra de Jesus.[9]

A profecia de Simeão é vista claramente na morte na cruz de Cristo. Jesus está na cruz do centro porque essa é a cruz que divide a História. Antes dela, a antiga aliança enfatizava a incapacidade humana de obedecer às exigências da lei e encontrar salvação em seus próprios méritos. Depois dela, a nova aliança anuncia a era da graça, na qual todo aquele que invocar o nome de Jesus será salvo. Jesus também está na cruz do centro porque essa é a cruz que divide as pessoas. À esquerda dela, o ladrão impenitente representa todos os que caíram diante do escândalo da cruz e rejeitaram o senhorio e a salvação de Cristo. À direita dela, o ladrão arrependido simboliza todos os que nasceram de novo e por isso experimentam em Cristo o perdão de seus pecados e a vida eterna em sua presença.

## AS DUAS CRUZES LATERAIS

Nas duas cruzes que ladeavam a cruz de Cristo, dois homens também estavam sendo executados por causa de seus crimes. Concordo

---

[8] RIENECKER, F. *Evangelho de Lucas*, p. 70.
[9] MORRIS, L. L. *Lucas*, p. 85-86.

com o teólogo norte-americano Warren Wiersbe quando ele diz que foi providencial que Jesus tenha sido crucificado entre dois ladrões, pois isso dava a ambos o mesmo acesso ao Salvador. Ambos poderiam ler a tabuleta de Pilatos que dizia "Este é Jesus Nazareno, o Rei dos Judeus". Ambos poderiam observar Jesus enquanto Ele graciosamente dava sua vida pelos pecados do mundo.[10] Ambos tiveram o mesmo acesso à verdade, mas não o mesmo destino.

Dessa forma, os dois homens entre os quais Jesus foi crucificado representavam a humanidade: os que se arrependem e são salvos, e os que não se arrependem e são condenados. Um deles foi salvo; o outro se perdeu. Um deles se arrependeu; o outro permaneceu impenitente.

Vejamos dois dados importantes a respeito desses homens.

Em primeiro lugar, *eram ladrões* (Mateus 27:38; Marcos 15:27). Não se tratava de meros larápios, batedores de carteira, pessoas que furtivamente roubavam os outros. Não eram *kleptes*, como Judas Iscariotes, que furtava dinheiro da bolsa de moedas comunitária. Ambos eram *lestes*, como Barrabás (João 18:40) ou como os salteadores da parábola do bom samaritano (Lucas 10:30). Os dois assaltavam afrontosamente à mão armada. Eram criminosos que matavam para roubar. Não respeitavam a vida nem a propriedade alheia. Esses homens passaram a vida causando dor às pessoas. A vida deles foi um inferno para os outros. Eram desonestos e violentos, monstros sociais. Eram perturbadores da ordem pública, um câncer maligno da sociedade, pessoas que só proporcionaram alívio aos outros quando receberam a pena de morte.

Em segundo lugar, *eram malfeitores* (Lucas 23:33). Não apenas o caráter desses homens era pervertido, mas tudo quanto faziam também o era. Suas obras eram más. Seus frutos eram amargos. Eles eram instrumentos do malfeitor, agentes do mal. Aonde chegavam, o ambiente tornava-se tenso.

---

[10] WIERSBE, W. W. *The Wiersbe Bible Commentary*, p. 221.

Em sua impiedade, esses ladrões representam todos os seres humanos. Somos diferentes uns dos outros em grau, mas não em natureza. O pecado atingiu a todos, sem exceção. Todos os seres humanos estão debaixo do pecado, esmagados sob seu peso, escravizados à sua tirania, dominados por suas algemas, condenados à morte por seu salário. O pastor inglês John Stott diz que o pecado está em cima de nós, pesa sobre nós e é um fardo esmagador.[11]

O apóstolo Paulo registra: "Como está escrito: Não há justo, nem um sequer, não há quem entenda, não há quem busque a Deus; todos se extraviaram, à uma se fizeram inúteis; não há quem faça o bem, não há nem um sequer" (Romanos 3:10-12). Ninguém é justo nem bom, uma vez que todos pecam por palavras e por obras, por causa de um estilo de vida que é mau, desastroso e pecaminoso, já que falta a todos o temor do Senhor, que é o princípio da sabedoria (veja Romanos 3:13-18).[12]

Todos os seres humanos, sem distinção de raça, cultura ou religião são culpados diante de Deus. No julgamento divino, todos estarão silenciados pela culpa. Tanto os que estão sob a lei como aqueles que desconhecem a lei são indesculpáveis diante de Deus. O pecado atingiu a todos, e a culpa está sobre todos. O filósofo e teólogo Francis Schaeffer diz que essa concepção da universalidade do pecado é o maior e o mais genuíno "nivelador" da humanidade. Diante de Deus, todas as pessoas estão no mesmo nível.[13]

Citando o poeta e bispo anglicano Handley Moule, John Stott escreve: "A prostituta, o mentiroso e o assassino estão destituídos da glória de Deus; mas você também está. Pode ser que eles estejam no fundo de uma mina e você no cume da montanha; no entanto, você está tão impossibilitado quanto eles de encostar as mãos nas estrelas".[14]

---

[11] STOTT, J. *Romanos*, p. 112.
[12] STERN, D. H. *Comentário judaico do Novo Testamento*, p. 376.
[13] SCHAEFFER, F. A. *A obra consumada de Cristo*, p. 70.
[14] STOTT, J. *Romanos*, p. 124.

O mal está dentro de nós, ele brota do nosso coração. Todos somos malfeitores. O coração que batia no peito dos ladrões do Calvário também bate em nosso peito. Jesus ensinou que o mal não vem de fora do indivíduo, mas de dentro dele (Marcos 7:21). Com isso, Jesus refuta a ideia de que a pessoa é produto do meio em que nasceu e foi criada. A maldade é inerente ao ser humano. O mal não está no ambiente, mas no coração. Jesus aponta o coração como a fonte de sentimentos, aspirações, pensamentos e ações dos seres humanos. Essa fonte é também a fonte de toda contaminação moral e espiritual.[15]

O remédio para isso é um novo coração. De fato, é impossível ter uma vida aceitável diante de Deus vivendo longe de sua graça purificadora e possuindo um coração contaminado. A ação do evangelho em nós se dá de dentro para fora, transformando o coração e provendo a motivação interna necessária para adquirir caráter justo e para livrar-nos "de toda impureza e acúmulo de maldade" (Tiago 1:21).[16]

Apesar de serem iguais em natureza e ocupação, cada ladrão reagiu de forma diferente a Cristo. Vejamos, a seguir, a conduta de cada um deles.

## A cruz da esquerda

O ladrão da esquerda fez uma oração a Jesus: "Não és tu o Cristo? Salva-te a ti mesmo e a nós também" (Lucas 23:39). Era uma oração cheia de blasfêmia e vazia de fé. A oração do incrédulo cético, não a do crente arrependido. Essas palavras, na verdade, eram veículo da última cartada de Satanás contra Jesus.

Satanás sempre tentou desviar Jesus da cruz. Ele fez isso pelo menos de quatro formas.

---

[15] HENDRIKSEN, W. *Marcos*, p. 362.
[16] MULHOLLAND, D. M. *Marcos*, p. 122.

*Primeiro*, ele fez isso pessoalmente na tentação, quando ofereceu a Jesus um reino de glória sem a cruz do sofrimento: "Dar-te-ei toda esta autoridade e a glória destes reinos, porque ela me foi entregue, e a dou a quem eu quiser" (Lucas 4:6).

*Segundo*, ele fez isso por meio dos demônios que, confrontados e expulsos por Jesus, gritavam em meio às multidões: "Bem sei quem és: o Santo de Deus!" (Marcos 1:24).

*Terceiro*, ele fez isso por meio da própria multidão, que, maravilhada com a multiplicação dos pães, quis fazer de Jesus um rei (João 6:15).

*Quarto*, ele fez isso por meio de Pedro, que censurou a Jesus quando o Mestre predisse seu próprio sofrimento, morte e ressurreição. Pedro dizia: "Tem compaixão de ti, Senhor; isso de modo algum te acontecerá" (Mateus 16:22). Jesus lhe respondeu: "Arreda, Satanás! Tu és para mim pedra de tropeço, porque não cogitas das coisas de Deus, e sim das dos homens" (v. 23).

Na crucificação, Satanás tentou, mais uma vez, fazer com que Jesus descesse da cruz. Usou, para isso, as palavras desafiadoras do ladrão. Se o Senhor desse ouvidos àquela oração maldita e salvasse a si mesmo, Ele não teria nos salvado e teríamos permanecido sob o poder das trevas. Se Jesus descesse da cruz, desceríamos ao inferno. Porque Ele não desceu da cruz, podemos ascender ao céu. De acordo com o pregador inglês Charles Spurgeon, justamente porque Jesus era o Filho de Deus, Ele não desceu da cruz, mas ficou pendurado ali até que se consumasse o sacrifício pelo pecado do seu povo.[17]

A salvação que o ladrão impenitente buscava não era a de seus pecados. Ele não demonstrou qualquer arrependimento. Queria ver-se livre do peso de sua culpa, da consequência de seus pecados, e não de sua vida perversa. No fim, apesar de orar, ele pereceu duplamente, na cruz e na eternidade, porque, mesmo na hora da

---

[17] SPURGEON, C. H. *O evangelho segundo Mateus*, p. 622.

morte, continuou rebelde contra Deus. Pereceu porque perdeu sua última oportunidade, porque rejeitou a Cristo ao morrer, porque, embora estivesse perto de Cristo, não o reconheceu como seu Salvador. Ele se perdeu porque, embora tivesse orado, pedindo "Salva-te a ti mesmo e a nós também", quis que sua própria vontade fosse feita. Perdeu-se porque quis ser salvo à sua própria maneira. O ladrão impenitente é um símbolo de todos aqueles que, a despeito do que veem e ouvem, rejeitam a salvação.

A salvação não é para os que a merecem, mas para os que reconhecem que nada têm. Somente aqueles que reconhecem sua carência e sua necessidade entram no banquete da salvação.

Jesus contou a parábola do banquete da salvação (Lucas 14:16-24), na qual o reino de Deus é comparado a um grande banquete que certo homem preparava. Quando tudo estava pronto, ele enviou seu servo para chamar os convidados. Estes, porém, apresentaram desculpas e não compareceram ao banquete. O homem irou-se ao ouvir o relato de seu servo, e então ordenou: "Sai depressa para as ruas e becos da cidade e traze para aqui os pobres, os aleijados, os cegos e os coxos". O servo fez isso, mas ainda havia lugar à mesa. O dono da casa deu uma segunda ordem: "Sai pelos caminhos e atalhos e obriga a todos a entrar, para que fique cheia a minha casa. Porque vos declaro que nenhum daqueles homens que foram convidados provará a minha ceia" (v. 21,23-24).

O banquete da salvação fechará suas portas aos que fecharam o coração ao convite da graça. A rejeição da oferta da graça implica a execução inexorável do juízo. Aqueles que desprezam o convite da salvação podem perder para sempre a oportunidade. Na parábola contada por Jesus, os convidados que rejeitaram o convite generoso do anfitrião do banquete jamais puderam provar dele. Há oportunidades que, uma vez perdidas, não podem ser mais recuperadas. O dia para entrar na sala do banquete é HOJE. A hora para entrar na sala do banquete é AGORA.

Deus é gracioso e recebe todos aqueles que se achegam a Ele. No entanto, quem adia essa decisão ou a recusa pode perecer para sempre. Os dois ladrões estavam sob as mesmas condições. Ambos receberam a mesma oportunidade. Apenas um deles entendeu que a porta ao banquete da salvação estava aberta e entrou por ela. A porta ainda está aberta! Ainda há lugar no banquete da salvação. O que você está esperando?

## A cruz da direita

Vamos nos deter agora na história do ladrão que foi crucificado à direita de Jesus. Ele tinha o mesmo estilo de vida que o outro, recebeu a mesma sentença, estava exposto às mesmas circunstâncias e disse inicialmente os mesmos insultos. Porém, se arrependeu e foi salvo. Esse ladrão que foi salvo é um símbolo de todos aqueles que se arrependem e recebem de graça a salvação.

O que podemos ver a respeito desse homem?

Em primeiro lugar, *ele estava enganado quanto a Cristo*. Mateus relata que esse ladrão proferiu impropérios a Jesus e contra Jesus (27:44). Ele repetiu as palavras zombeteiras das autoridades, do povo e dos soldados. Agiu como um deles. Seus insultos revelam quão equivocado ele estava a respeito de Cristo. Quais foram suas palavras iniciais?

*Primeiro*, "Ah! Tu que destróis o santuário e, em três dias, o reedificas! Salva-te a ti mesmo, descendo da cruz!" (Marcos 15:29-30). Ele cita as palavras pelas quais Jesus foi condenado por blasfêmia (veja Mateus 26:60-61; João 2:19). Fica evidente que não apenas a vida desse ladrão estava errada, mas também sua teologia. Seu conceito de Jesus era equivocado. Ele queria que Jesus provasse sua procedência divina fazendo algo tão sensacional quanto descer da cruz à qual estava pregado. Porém, como afirma Warren Wiersbe, era justamente o fato de permanecer na cruz que provava que Jesus era Filho de Deus.[18]

---

[18] WIERSBE, W. W. *The Wiersbe Bible Commentary*: New Testament, p. 81.

*Segundo*, "Desça agora da cruz o Cristo, o rei de Israel, para que vejamos e creiamos" (Marcos 15:32). Quando os judeus apresentaram Jesus a Pilatos, pedindo que Ele fosse morto, disseram-lhe: "Encontramos este homem pervertendo a nossa nação, vedando pagar tributo a César e afirmando ser ele o Cristo, o Rei". No interrogatório que Pilatos conduziu, ele questionou Jesus abertamente: "És tu o rei dos judeus?" (Lucas 23:2-3). Nem os judeus nem Pilatos entenderam de que natureza era o reino de Jesus, e por isso zombaram dele em sua morte, chamando-o sarcasticamente de "rei de Israel". O ladrão da cruz repetiu os mesmos insultos, pouco antes de se dar conta de que estava diante do verdadeiro Rei.

*Terceiro*, "Salvou os outros, a si mesmo não pode salvar-se" (Mateus 27:42). Jesus salvou os outros: Ele curou, libertou e perdoou a todos quantos o buscaram. Porém, Jesus não poderia salvar a si mesmo e, ao mesmo tempo, nos salvar. Jesus não estava impotentemente preso àquela cruz como estavam os ladrões. Ele estava ali voluntariamente. Ele decidiu ir para a cruz na eternidade (Apocalipse 13:8). A cruz não foi um acidente, mas um apontamento. Ele não foi para a cruz porque Judas o traiu, porque Pedro o negou, porque os judeus o entregaram, porque Pilatos o sentenciou. Ele foi à cruz por amor. E na cruz, mesmo sem salvar a si mesmo, Jesus salvou a vida daquele ladrão.

*Quarto*, "Confiou em Deus; pois venha livrá-lo agora, se de fato lhe quer bem; porque disse: Sou Filho de Deus" (Mateus 27:43). Era inimaginável que Deus permitisse que seu Filho fosse morto, ainda mais na cruz, visto que "Maldito todo aquele que for pendurado num madeiro" (Gálatas 3:13; citando Deuteronômio 21:23). Logo, se Jesus estava na cruz, era porque tudo o que Ele havia dito sobre si mesmo e sobre o Pai era mentira. Dessa forma, o ladrão e os demais que insultavam a Jesus repetiam suas palavras em tom de zombaria: "Que o Deus de quem Tu te dizes filho venha livrar-te".

Em segundo lugar, *ele tem seus olhos abertos e seu coração tocado.* A graça de Deus abriu os olhos e o coração daquele ladrão. De alguma forma, ele contemplou a verdade sobre aquele de quem zombavam, ridicularizando-o sob o título de Rei de Israel. Jesus era, de fato, um Rei. O pastor John MacArthur diz que nem o povo, nem os legisladores, nem os romanos, nem mesmo o ladrão que estava na outra cruz entenderam o que realmente se passava no Calvário. Contudo, este homem, de repente, compreendeu claramente a verdade. Como Paulo na estrada para Damasco, ele percebeu a verdade por meio de uma atuação divina em sua alma.[19]

Esse ladrão inominado viu em primeira mão o desprezo que todos destinavam a Jesus. Ouviu, talvez mais claro que ninguém, as primeiras palavras de Jesus na cruz. Viu sua atitude de não fuzilar seus executores com impropérios, mas, antes, de rogar por eles o perdão do Pai. Certamente isso tocou o coração desse criminoso crucificado à direita de Jesus. As palavras de Cristo em favor de seus algozes e sua atitude mansa e submissa ao Pai abrandaram o espírito daquele homem e operaram uma transformação em seu pensamento.

Talvez, ao ouvir a primeira palavra de Jesus na cruz, o ladrão da direita tenha sido tomado de convicção de pecado. Ele admite que é pecador. Ele reconhece que está morrendo por causa de seus próprios pecados. Os seus crimes mereciam essa pena de morte. Ele havia aceitado o convite de se matricular na banda do crime. Considerou a violência atraente e lucrativa. Atraído por essas falsas promessas, esse homem perdeu a sensibilidade e se rendeu ao crime. Experimentou um estilo de vida marcado por tramas, mentiras e engano. Tornou-se uma fera selvagem, um monstro social, que derrama sangue de gente inocente, por motivos torpes. Seguiu pelo caminho do desastre e caiu num abismo profundo. É provável que tenha antecipado irremediavelmente sua própria morte.

Provavelmente, ao olhar para a cruz do meio, ele não encontrou ali alguém que, como ele, padecia por causa dos próprios

---

[19] MACARTHUR, J. *The MacArthur New Testament Commentary.* Luke 18-24.

crimes. As palavras de perdão que Jesus havia proferido revelavam o caráter de um homem santo e bom, que não se contaminou com a violência nem compactuou com a maldade. O ladrão talvez tenha notado a compaixão e a bondade de Cristo, que o levaram a interceder ao Pai em favor daqueles que o matavam.

O ladrão reconheceu que Jesus era inocente. Mais do que isso: percebeu que Jesus não era apenas um homem injustiçado, mas o próprio Filho de Deus. Reconheceu que Ele é rei e que tem um reino. Reconheceu que Ele haveria de voltar gloriosamente.

À beira da morte, este homem repreendeu o outro ladrão, que dedicava seus minutos finais a zombar de Jesus na companhia da multidão. Ele diz: "Nem ao menos temes a Deus, estando sob igual sentença? Nós, na verdade, com justiça, porque recebemos o castigo que os nossos atos merecem; mas este nenhum mal fez" (Lucas 23:40-41). Embora tivesse sido condenado à morte pelas mesmas pessoas que insultavam Jesus, o ladrão da esquerda se unia a elas e usava o nome de Deus para rir de Cristo: "Confiou em Deus; pois venha livrá-lo agora".

O ladrão da direita, em vez de se unir ao coro dos escarnecedores, teve seus ouvidos abertos à oração que Jesus fez em favor dos malfeitores. Se Jesus era capaz de perdoar os cruéis soldados que o crucificaram, os sádicos líderes religiosos que zombavam ao pé da cruz, então Ele também poderia perdoar um criminoso como aquele.[20] Tomado por essas convicções, o ladrão faz a Jesus um pedido impressionante. Ele, que começou falando impropérios a Jesus, termina sua vida quebrantado e arrependido ao lado de Jesus. Ele foi convertido na última hora.

## O PEDIDO DO LADRÃO

O pedido do ladrão foi: "Lembra-te de mim quando vieres no teu reino". Essas simples palavras indicam uma profunda revolução

---

[20] MACARTHUR, J. *The MacArthur New Testament Commentary*. Luke 18-24.

que acontecia no interior de sua alma. Elas evidenciavam seu arrependimento e sua conversão. Vamos detalhar um pouco mais esse milagre da salvação.

Em primeiro lugar, *o ladrão temeu a Deus*. Aquele ladrão havia passado toda a vida afastado do temor do Senhor. Agira como louco, não como sábio. Amava o mal e abominava o bem. Ainda assim, na última hora, a palavra do Senhor o despertou de sua loucura, e ele foi tomado pelo temor a Deus. Sobreveio-lhe um profundo senso da santidade de Deus, da sua justiça e retidão. Ele foi preenchido por uma sensação de respeito e reverência ao Senhor.

O temor ao Senhor não equivale a ter medo de Deus, mas demonstrar reverência a Ele. Temer a Deus é conhecê-lo, honrá-lo, obedecer-lhe. Quem teme a Deus lhe obedece por amor e respeito, e não por medo do castigo. O temor ao Senhor nos leva à sua presença, nos livra do mal e nos mantém perto de Deus. Aqueles que temem a Deus não temem os homens. Aqueles que temem a Deus fogem do pecado. Aqueles que temem a Deus deleitam-se nele com santa reverência. Aqueles que temem a Deus procuram agradá-lo não por causa do medo da punição, mas pelo prazer da comunhão.

Cheio de temor a Deus, a primeira atitude do ladrão da direita foi a de repreender o ladrão da esquerda. No mesmo instante em que se arrepende, torna-se um evangelista. Exorta o outro a reconhecer quem era Jesus. Ele, que viveu a vida toda sem temor a Deus e sem amor ao próximo, agora teme a Deus e se esforça para levar o próximo a Cristo.

O ladrão da esquerda, em vez de se compadecer e ser solidário a Jesus, uniu-se ao coro dos escarnecedores. Tomou o lado daqueles que haviam crucificado tanto a ele como a Jesus. Ele virou-se contra o que fora condenado injustamente e enturmou-se com os que cometeram a injustiça. Quem age assim demonstra falta de temor a Deus (veja Jó 6:14; Provérbios 17:15; 18:5; 24:24).

Em segundo lugar, *o ladrão reconheceu seu pecado*. Ele reconhece que está na cruz por causa de suas mazelas, de seus crimes, de suas faltas. Sabe que está recebendo a justa e merecida punição dos seus erros. Reconhece que aquele é o lugar que lhe cabe. Está recebendo o salário merecido por uma vida de pecados.

Todos nós pecamos, mas nem todos reconhecem que são pecadores. Pior do que pecar é não reconhecer o pecado. Esse é um estágio mais avançado de cauterização da consciência, é o estágio do entorpecimento. É impossível haver salvação onde não há arrependimento e é impossível haver arrependimento onde não há consciência de pecado. O pecado faz separação entre o ser humano e Deus (Isaías 59:2). Ninguém pode ser salvo a menos que reconheça que é pecador.

A única condição para recuperarmos a comunhão com Deus é reconhecendo o nosso pecado e confessando-o. Enquanto escondemos nossos pecados, pesa sobre nós a culpa; mas, quando buscamos a verdade no íntimo e confessamos nossas transgressões, recebemos o perdão. A Palavra de Deus diz: "Se confessarmos os nossos pecados, ele é fiel e justo para nos perdoar os pecados e nos purificar de toda injustiça" (1João 1:9). Confessar os pecados é concordar com Deus que pecamos; que somos pecadores e que temos cometido pecados. Verbalizamos essa concordância com tristeza e pesar. Em vez de negar o pecado ou escondê-lo, devemos admitir nossa culpa e confessar nosso pecado.

O evangelho não tem boas novas para aqueles que, altivos e soberbos, se consideram sãos e justos aos olhos de Deus. Quem não se vê como pecador jamais sente necessidade do Salvador. Quem não se considera doente jamais busca o socorro do médico. O evangelho é para as pessoas que reconhecem que nada têm. Os sãos não precisam de médico, e sim os doentes. Só aqueles que reconhecem seu estado de carência e miséria podem ser salvos. O médico veio curar os enfermos. Jesus veio salvar os pecadores. Somente quem identifica sua carência e declara sua necessidade pode entrar no banquete da salvação.

Em terceiro lugar, *o ladrão reconheceu que Jesus era inocente*. O mais difícil para os inimigos de Jesus não foi prendê-lo, mas condená-lo. Os principais sacerdotes e todo o Sinédrio procuraram testemunhos contra Jesus, a fim de condená-lo à morte, mas não acharam. De acordo com a lei, não era lícito condenar ninguém à morte a não ser pelo depoimento concordante de duas testemunhas (Números 35:30), de modo que não havia "causa legal" contra ninguém até que se houvesse cumprido esse requisito. As primeiras testemunhas que se apresentaram contra Jesus foram desqualificadas, pois suas histórias não concordavam entre si (Marcos 14:59). As autoridades, então, encontraram duas testemunhas falsas que distorceram as palavras do Senhor sobre o templo (João 2:19). Com base em um testemunho falso, sentenciaram Jesus à morte. Na verdade, as autoridades já haviam decidido matar Jesus antes mesmo de interrogá-lo. O processo foi apenas um simulacro de justiça, pois, do princípio ao fim, não tinha outra finalidade senão dar uma aparência de legalidade ao crime já predeterminado.

Com seu orgulho ferido e sua vaidade religiosa ameaçada, as autoridades judaicas, os fariseus e os mestres da lei cegaram-se para a verdade que líderes civis, um ladrão e um soldado romano enxergaram claramente depois. Enquanto o Sinédrio declara Jesus culpado, no capítulo 23 de Lucas, por três vezes Ele é declarado inocente. Pilatos, julgando-o, disse às multidões: "Não vejo neste homem crime algum" (v. 4; veja v. 14-22) e acrescenta que Herodes também não encontrara nele culpa alguma (v. 15). Um centurião, ao pé da cruz, vendo Jesus expirar, declarou: "Verdadeiramente, este homem era justo" (v. 47). E o ladrão da direita, após censurar a falta de temor do outro ladrão, afirmou: "Nós, na verdade, com justiça, porque recebemos o castigo que os nossos atos merecem; mas este nenhum mal fez" (v. 41).

A inocência de Jesus não foi um mero fator circunstancial em seu julgamento. Ela é atestada e comprovada nos Evangelhos porque possui implicações eternas. A lei mosaica exigia que os animais sacrificados a Deus fossem sempre "sem defeito". Oferecer um animal defeituoso era um insulto a Deus. Era preciso que fossem sem defeito porque tratava-se de um sacrifício substitutivo: uma vítima inocente dava sua vida em favor de um culpado.[21]

A perfeição dos animais sacrificados fala da impecabilidade do Cordeiro de Deus. João Batista apontou Jesus como "o Cordeiro de Deus, que tira o pecado do mundo!" (João 1:29). O Cordeiro se manifestou para tirar o pecado do mundo. O pecado é tão mau, tão repulsivo e tão maligno aos olhos de Deus que, para tirá-lo e lançá-lo fora, Ele precisou sacrificar o próprio Filho amado. O sangue de bodes e bezerros, prescrito pela lei, não podia purificar o povo de seus pecados, mas apenas lhes oferecer purificação cerimonial. Por isso, esses sacrifícios precisavam ser repetidos constantemente. Cristo, porém, ofereceu seu próprio sangue como sacrifício eficaz, e adquiriu assim, para todos os que creem nele, eterna redenção. Não havia outro meio. Não havia outra possibilidade de sermos libertos do pecado.

Deus, em vez de sentenciar o pecador ao castigo eterno, providenciou um meio de salvação em Cristo. Como nosso substituto, Cristo tomou nosso lugar, sofreu por nós o duro golpe da lei, bebeu sozinho o cálice amargo. Um pecador não poderia morrer vicariamente por outros pecadores. Jesus não tinha pecado, mas se fez pecado; não possuía pecado pessoal, mas o nosso pecado foi lançado sobre Ele.

Em quarto lugar, *o ladrão clamou a Jesus na última hora*. Se o ladrão apenas reconhecesse seus erros e a inocência de Cristo, ele teria permanecido perdido. Apenas admitir o erro não é arrependimento para a vida, mas remorso para a morte. Judas Iscariotes reconheceu seu erro e penitenciou-se por isso (Mateus 27:3-4), mas não chegou ao verdadeiro arrependimento. Não basta estar convencido do erro e sentir tristeza por ele. É preciso dar meia-volta e retornar para o Senhor.

Considerando o episódio completo, o pedido final do ladrão da cruz pode ser compreendido como um pedido de perdão. Ao pedir

---

[21] WIERSBE, W. W. *The Wiersbe Bible Commentary*, p. 900

que Jesus se lembre dele, o ladrão declara haver entendido quem era o homem crucificado ao seu lado. Aquele que ocupava a cruz central não era apenas um homem inocente. Não era outra vítima da inveja dos líderes judaicos nem da crueldade do Império romano. Ao seu lado estava o Filho de Deus.

"Jesus, lembra-te de mim" (Lucas 23:42) é uma declaração de fé. Aquele ladrão, pendurado na sua própria cruz, respirando com dificuldade, sabendo que sua morte estava próxima, tem seus olhos abertos. Seu coração é tocado. A eternidade se descortina diante dele. Ainda há tempo. Enquanto existe um fiapo de vida em seu corpo, enquanto é capaz de sorver um último gole de ar, ainda há esperança. Mesmo coberto de desventuras, mesmo surrado pelo chicote da dor, mesmo com os olhos molhados de lágrimas, mesmo tendo perdido uma vida inteira de oportunidades, aquele ladrão pôde afirmar, como Jó, que ainda há esperança de redenção. Do mais profundo dos vales, ele poderia gritar: "Eu sei que o meu redentor vive" (Jó 19.25). Ele reconhece que está diante de quem pode perdoar, salvar e conceder a vida eterna. Segundo John MacArthur, "O ladrão mostrou crer que Jesus é o Salvador uma vez que ele não teria pedido para entrar no reino a menos que cresse que Jesus possuísse disposição e capacidade de atendê-lo. Seu pedido foi o de um pecador quebrantado, penitente e indigno, que clama por graça, misericórdia e perdão".[22]

Não há casos perdidos para Jesus. Não há vida irrecuperável para o Filho de Deus. Não há situação irremediável quando se recorre ao Salvador. O ladrão crucificado à direita de Jesus reconheceu seu pecado e o confessou. Reconheceu que só Jesus salva e clamou a Ele. Encontrou perdão na última hora. Recebeu a garantia do céu nos instantes finais de sua vida. Sua salvação não foi fruto de merecimento, mas de graça. O paraíso de Deus lhe foi dado não porque ele o mereceu por causa de suas obras, mas porque o recebeu como um presente imerecido. A graça é maior do que o pecado!

---

[22] MACARTHUR, J. *The MacArthur New Testament Commentary.* Luke 18-24.

Em quinto lugar, *o ladrão reconheceu que Jesus é salvador e rei*. O clamor do ladrão revela o entendimento que obteve do caráter e da pessoa de Jesus. Ele sabe que está diante de um homem bom, pois o viu perdoando aqueles que o maltratavam. Por isso, não hesita em pedir que Jesus se lembre dele. No entanto, o ladrão também compreende que está diante de alguém que possui um reino. Tocado pelo Espírito de Deus, ele entende que a frase pendurada jocosamente sobre a cruz de Cristo retratava a verdade insofismável de que Jesus é não apenas o rei dos judeus, mas o Rei dos reis!

O que os discípulos de Jesus não compreenderam durante os anos que estiveram ao lado dele, o ladrão penitente entendeu na cruz. Enquanto os discípulos esperavam por um reino secular, o ladrão percebeu que o reino de Jesus era espiritual. Enquanto os discípulos aguardavam que Jesus desbaratasse os romanos com grandes demonstrações de seu poder, o ladrão pedia o favor de um Messias que morria humilhado. Enquanto os discípulos discutiam o lugar que ocupariam no reino de Jesus, o ladrão pedia para ser apenas lembrado. Enquanto os discípulos ficaram confusos com a prisão e crucificação de seu Mestre, o ladrão acreditou que Jesus ressuscitaria e retornaria como rei coroado. Enquanto os discípulos fugiram apavorados, o ladrão declarou sua fé em Jesus.

O ladrão não pede a Jesus um lugar de honra. Não clama por um benefício. Não exige vantagens. Apenas se lança completamente sob a graça do Salvador. Ele ficará feliz de apenas não ser esquecido. Deseja que o Rei se lembre dele quando vier no seu reino. Como o publicano contrito, ele apenas orou: "Ó Deus, sê propício a mim, pecador!" (Lucas 18:13).

## A RESPOSTA DE JESUS

Concordo com Matthew Henry quando diz que "Cristo sobre a cruz é gracioso como Cristo sobre o trono".[23] Ao ouvir o pedido do ladrão

---

[23] HENRY, M. *Matthew Henry's Concise Commentary*. Luke 23:32-43.

agonizante, Jesus respondeu com graça, não com reprovação: "Em verdade te digo que hoje estarás comigo no paraíso" (Lucas 23:43).

Jesus inicia a segunda palavra da cruz com a expressão "Em verdade", que nada mais é que a tradução do termo "amém". "Amém" é uma expressão hebraica que transmite a ideia de veracidade. Jesus se revela à igreja de Laodiceia como "o Amém" (Apocalipse 3:14), o que quer dizer não apenas que Jesus é o Deus verdadeiro, mas que Ele é fiel, confiável e que cumprirá as suas palavras.[24] Desse modo, o que Jesus afirmará para o ladrão é um assunto certo, seguro, garantido. Jesus não está mentindo nem o está enganando. Ele lhe garantirá vida eterna. Jesus estende ao ladrão da direita uma salvação genuína e confiável.

Podemos destacar três pontos sobre a vida eterna que Jesus oferece.

Em primeiro lugar, *a vida eterna é gratuita*. Ela certamente não é alcançada pelas obras, porque se fosse assim, aquele homem jamais poderia ser salvo. Nem ele, nem pessoa alguma.

Todas as religiões do mundo ensinam que o ser humano é salvo pelas suas obras. Na Índia, multidões que desejam a salvação deitam-se sobre camas de prego ao sol escaldante; balançam-se sobre um fogo baixo; sustentam uma mão erguida até se tornar imóvel; fazem longas caminhas de joelhos. No Brasil, vemos as romarias, nas quais pessoas sobem escadarias de joelhos e fazem penitências, pensando alcançar com isso o favor de Deus.

Muitos pensam que, no dia do juízo, Deus colocará em uma balança as obras más e as boas obras, e a salvação será o resultado da prevalência das boas obras sobre as obras más. A salvação, porém, não consiste naquilo que fazemos para Deus, mas no que Deus fez por nós em Cristo Jesus.

Em sua célebre passagem sobre a salvação pela graça, Paulo declara: "Porque pela graça sois salvos, mediante a fé; e isto não

---

[24] LADD, G. *Apocalipse*, p. 50-51.

vem de vós; é dom de Deus; não de obras, para que ninguém se glorie. Pois somos feitura dele, criados em Cristo Jesus para boas obras" (Efésios 2:8-10). Aquele ladrão não tinha um grama de virtude sequer, mas carregava toneladas de culpa. Se ele fosse julgado pelo critério da lei, estaria inexoravelmente condenado. Deus, porém, concede a salvação pela graça, não pela lei. A salvação não é aquilo que você faz para Deus, mas aquilo que Cristo fez por você. Recebemos a vida eterna como um mendigo que estende a mão para receber o presente de um rei. A vida eterna não é uma conquista, mas uma doação; não é um troféu que obtemos por meio de nosso esforço, mas uma dádiva que recebemos pela graça. Não é um troféu que erguemos como resultado do nosso mérito, mas um presente que recebemos apesar do nosso demérito.

Para receber a vida eterna que Jesus oferece basta crer nele. Não se faz necessário nenhum complemento. Nem mesmo os rituais religiosos são necessários para nos levar ao céu. O ladrão não tinha obras. Ele era malfeitor. Não teve tempo para descer da cruz e ser batizado. Não teve tempo de pagar suas dívidas e compensar sua maldade. Aquele homem foi salvo sem mérito pessoal, sem obras pessoais, sem rituais religiosos. Jamais foi batizado, não pertenceu a uma igreja, nem recebeu a ceia do Senhor, mas se arrependeu e creu, e, por isso, recebeu a vida eterna.[25] Concordo com Warren Wiersbe quando ele escreve: "Esse homem foi salvo inteiramente pela graça. Não merecia e não podia fazer coisa alguma para obter sua salvação, de modo que esta foi uma dádiva de Deus".[26] Se uma pessoa viver a vida inteira no crime e, na hora da morte, tiver a oportunidade de se arrepender, ela será salva.

Não merecemos nada da parte de Deus, exceto julgamento e condenação. Apesar disso, Deus, de forma incompreensível, surpreendente e graciosa, nos dá seu favor, perdoando nossos pecados e oferecendo-nos vida eterna. Isso é graça!

---

[25] RYLE, J. C. *Meditações no Evangelho de Lucas*, p. 377.
[26] WIERSBE, W. W. *Comentário bíblico expositivo*. v. 5, p. 356.

## SALVAÇÃO

Em segundo lugar, *a vida eterna é uma dádiva imediata*. O ladrão da cruz pediu uma bênção para um futuro remoto, mas recebe uma promessa imediata. Ele esperava por algum tipo de auxílio no porvir, mas Jesus lhe dá perdão naquela mesma hora. Pediu uma lembrança e recebe uma certeza inabalável: "Hoje estarás comigo no paraíso". Não amanhã. Não na hora da morte. Não depois da morte. Não num tempo indefinido após a morte. Hoje mesmo.

Alguns cristãos sinceros pensam que é impossível ter certeza da salvação. Muitos pensam que, para serem salvos, precisam crer no Senhor Jesus agora, mas depois precisam caminhar, caminhar e caminhar. Então, só no fim da vida, saberão se realmente alcançaram a vida eterna ou não. Outros, movidos pela presunção, ostentam uma falsa segurança de salvação. A salvação é uma dádiva de Deus, e não uma conquista humana. É oferta da graça, e não resultado das obras. Ninguém pode vangloriar-se por causa de sua salvação. Como a salvação é presente de Deus, independente de mérito humano, podemos ter certeza da salvação quando cremos em Jesus. O próprio Jesus deixou isso claro: "Em verdade, em verdade vos digo: quem crê em mim tem a vida eterna" (João 6:47). O verbo "ter" está no presente do indicativo. Quem crê em Jesus não teve nem terá a vida eterna, mas *tem* a vida eterna. O apóstolo João, nesse mesmo viés, escreveu sua primeira carta para que os crentes pudessem ter essa certeza: "Estas coisas vos escrevi, a fim de saberdes que tendes a vida eterna, a vós outros que credes em o nome do Filho de Deus" (1João 5:13).

Jesus disse de forma insofismável: "As minhas ovelhas ouvem a minha voz; eu as conheço, e elas me seguem. Eu lhes dou a vida eterna; jamais perecerão, e ninguém as arrebatará da minha mão" (João 10:27-28). A vida eterna é um presente concedido pelo pastor, e se encontra afiançada nos méritos dele, não da ovelha. As ovelhas de Cristo nasceram de novo. Nasceram de cima, do céu. Têm seu nome arrolado no livro da vida. Elas pertencem ao rebanho de Deus. Estão no aprisco de Deus. Foram predestinadas na eternidade e, na mente e nos decretos de Deus, já estão no céu.

O Pai e o Filho garantem às ovelhas segurança eterna. As ovelhas de Cristo jamais perecem. Elas são uma dádiva do Deus Pai ao Deus Filho. São o bem mais precioso de Jesus. São sua herança particular. Cristo não é homem para mentir. A nossa garantia não está baseada nos nossos méritos nem na nossa força. A segurança da salvação não tem como alicerce a nossa fé ou mesmo a nossa perseverança, mas a promessa daquele que não pode falhar. Nossa âncora segura é o próprio supremo pastor. Nele está nossa certeza. Ele é a âncora da nossa esperança.

A vida eterna não é um futuro incerto. Ela é para hoje, para agora. Não importa quão longe você tenha ido. Não importa quão distante você esteja. Não importa quão profundamente você tenha caído. Não importa quais as suas armas espirituais o prenderam no berço de cegueira. Se você reconhecer que Jesus é seu Salvador pessoal, agora mesmo, você será salvo.

Em terceiro lugar, *a salvação é estar com Cristo*. Quando Jesus disse "Hoje estarás comigo no paraíso", Ele se referia a algo que iria acontecer dali a poucas horas. Jesus ainda diria: "Pai, nas tuas mãos eu entrego o meu espírito". Seu corpo iria para a sepultura. Em questão de horas, aquele ladrão também iria morrer. Não se sabe se seu corpo seria sepultado ou não. O certo é que, assim que morresse, sua alma iria para o paraíso e se reencontraria com Jesus. Isto é vida eterna: estar com Jesus.

A palavra "paraíso" é de origem persa, e transmite a ideia de um jardim fechado. O teólogo William Barclay diz que quando um rei persa desejava honrar de forma especial um de seus súditos, este era convidado pelo rei para fazer-lhe companhia no jardim. Isso significava que aquele súdito havia sido escolhido para caminhar com o rei no seu jardim particular. Dessa forma, o que Jesus prometeu ao ladrão não foi mera imortalidade. Ele lhe prometeu a honra de acompanhá-lo no jardim das cortes celestiais.[27]

---

[27] BARCLAY, W. *William Barclay's Daily Study Bible*. Luke 23.

A promessa de Jesus tem duas implicações:

*Primeiro*, a salvação é estar com Cristo aqui. Cristo é a nossa vida. Paulo disse aos filipenses: "Para mim o viver é Cristo" (Filipenses 1:21). Aos gálatas, ele afirmou: "Não sou eu mais quem vive, mas é Cristo que vive em mim" (Gálatas 2:20). Algumas vezes, dizemos das pessoas: "A música é a vida dele", "O esporte é a vida dele", "Ele vive para trabalhar". Algumas pessoas encontram em seus afazeres e passatempos a vida e tudo o que ela significa. Para o cristão, porém, Cristo é a vida. Jesus Cristo domina seu pensamento e preenche sua alma.[28]

*Segundo*, a salvação é estar com Cristo na eternidade. A vida eterna é Cristo. João escreveu: "Aquele que tem o Filho tem a vida; aquele que não tem o Filho de Deus não tem a vida" (1João 5:12). A essência da vida eterna é conhecer a Cristo (João 17:3). Jesus tem um paraíso, um jardim, um lar, uma cidade santa, o céu. Ele nos levará para seu reino de luz. Lá estaremos para sempre em sua companhia. Lá o pecado não vai entrar; a morte não vai entrar; a dor e o luto não vão entrar. Esse é um lugar de bem-aventurança e um estado de felicidade eterna, pois estaremos para sempre com aquele que é a fonte da felicidade.

Quando o homem caiu em pecado, ele se encontrava em um jardim, o jardim do Éden. Homem e mulher pecaram, transgredindo a proibição de Deus de comerem do fruto do conhecimento do bem e do mal. Diz o texto que o Senhor Deus andava pelo jardim no final da tarde, mas quando Adão e Eva escutaram a voz de Deus, esconderam-se por entre as árvores do jardim (Gênesis 3:8). A presença de Deus não era mais o deleite deles, mas o seu terror; ou seja, o medo de Deus substituiu a alegria em Deus. Porque não temeram a Deus, tiveram medo dele.

---

[28] BARCLAY, W. *Filipenses, Colosenses, I y II Tesalonicenses*, p. 159.

Deus, então, expulsou Adão e Eva do jardim (Gênesis 3:23). O primeiro casal quis mais do que o jardim, por isso perdeu-o. O jardim deixou de ser o seu lar hospitaleiro para ser apenas o palco de seu fracasso. Depois de haver expulsado o casal, Deus colocou "os querubins e uma espada flamejante que se revolvia por todos os lados, para guardar o caminho da árvore da vida". No entanto, ao acabar, de uma vez por todas, com o acesso à árvore da vida, Deus agiu com graça. Não se tratava de um ato brutal e arbitrário. Para o ser humano, a maior tortura seria tornar-se imortal no estado em que ficou depois de afastar-se de Deus. Não suportaríamos uma vida eterna sob a condenação de Deus.[29]

Deus não é responsável pela Queda dos nossos primeiros pais nem foi o autor de tal episódio, mas a Queda não apanhou Deus de surpresa. Mesmo antes da fundação do mundo, Deus já havia feito provisão eficaz para salvar do pecado o ser humano, uma vez que o Cordeiro de Deus foi morto desde a fundação do mundo (Apocalipse 13:8). Nos decretos de Deus, desde a eternidade, Jesus já estava pregado naquela sangrenta cruz. Por meio de seu sacrifício, Ele nos levará de volta à comunhão íntima com Deus, que nossos primeiros pais perderam com o pecado. Ele nos conduzirá à árvore da vida, que está no paraíso de Deus (Apocalipse 2:7). Nos dará de seus frutos e viveremos eternamente, sem medo, em sua presença.

---

[29] BRÄUMER, H. *Gênesis.* v. 1, p. 82.

TERCEIRA PALAVRA

# AFEIÇÃO

> "Mulher, eis aí teu filho. Eis aí tua mãe."
>
> JOÃO 19:26-27

O velho Simeão havia profetizado que a alma de Maria seria traspassada por uma espada (Lucas 2:35). Esse dia havia chegado. Maria está junto à cruz com outras mulheres vendo o indescritível sofrimento de seu filho. Oh, que espada foi aquela que transpassou sua alma! Felicidade tal como nunca houve em um nascimento humano, tristeza tal como nunca se sentiu em uma morte desumana. Maria foi a primeira a beijar aquela fronte agora coroada de espinhos. Foi a primeira a segurar aquelas mãos agora presas ao lenho. Não há registro, porém, de nenhum pranto histérico nem de um desmaio por parte de Maria. Ela estava junto à cruz. A multidão zombando, o ladrão crucificado à esquerda insultando, os sacerdotes escarnecendo, os soldados endurecidos indiferentes. O Salvador sangra e morre, e ali está sua mãe, contemplando a horrível zombaria. Em todos os anais da história da nossa raça, não há qualquer paralelo a tal cena. Que coragem transcendente! Maria permaneceu junto à cruz de Jesus até que Ele expirasse.[1]

Mesmo cravado naquele leito vertical da morte, suspenso entre a terra e o céu, Jesus estava no controle da situação. Vendo sua mãe ao pé da cruz, e junto a ela o discípulo amado, Ele disse: "Mulher, eis aí o teu filho". Então, disse ao discípulo: "Eis aí tua mãe". O evangelista diz que, a partir daquele momento, o discípulo manteve-a sob seus cuidados (João 19:26-27). Essa é a terceira palavra de Jesus na cruz. Ela fala do cuidado do Senhor pelos seus. Fala também do amor que seus discípulos devem demonstrar uns para com os outros e da obediência que é devida ao Mestre.

---

[1] PINK, A. W. *Os sete brados do Salvador sobre a cruz*, p. 33-34.

## AS MULHERES NA CENA DA CRUCIFICAÇÃO

Antes de anunciar a terceira palavra de Cristo, João relata que "junto à cruz estavam a mãe de Jesus, e a irmã dela, e Maria, mulher de Clopas, e Maria Madalena" (19:25). Todos os evangelistas registram a presença de mulheres durante a crucificação e morte de Jesus. O bispo vitoriano John Charles Ryle enfatiza a dedicação das mulheres em seguirem a Jesus nestes termos:

> Fortalecidas em seu íntimo pelo restaurador poder do Espírito Santo, foram capazes de apegarem-se a Jesus e não desistiram. E com nobreza seguiram-no até ao fim. Não foi uma mulher quem vendeu o Senhor por trinta peças de prata. Não foram as mulheres que abandonaram o Senhor no jardim do Getsêmani e fugiram. Não foram as mulheres que três vezes negaram a Cristo, na casa do sumo sacerdote. Mas foram elas que lamentaram e choraram quando ele estava sendo levado para a crucificação. Foram as mulheres que permaneceram junto à cruz e as primeiras a visitarem o sepulcro onde se encontrava o corpo do Senhor. Foram elas que testemunharam de primeira mão o Cristo ressurreto. Realmente, grande é o poder da graça de Deus.[2]

Jesus nunca as desprezou nem rejeitou, como era costume da sociedade. Ele estende a elas o seu amor, permite que se assentem aos seus pés para serem ensinadas, conversa com elas, cuida de suas famílias e cura suas enfermidades. Um grupo de mulheres transformadas e libertadas pelo ministério de Jesus se reuniu ao redor. Desde a Galileia, elas seguem Jesus e seus discípulos para oferecer-lhes suporte financeiro e prestar-lhes assistência com os seus bens (Mateus 27:55; Lucas 8:2-3). Apesar de possuir o poder, Jesus não operou milagres para prover o seu sustento físico. Por isso, aceitou a ajuda das mulheres.[3]

---

[2] RYLE, J. C. *Meditações no Evangelho de Lucas*, p. 118.
[3] ASH, A. L. *O Evangelho segundo Lucas*, p. 144.

Diferentes mulheres compunham o grupo de discípulas. Entre elas estava Maria Madalena, da qual Jesus havia expulsado sete demônios, com um passado obscuro e terrível. Também compunha esse grupo Joana, mulher de Cuza, procurador de Herodes. O rei tinha muitos bens e propriedades. Ser procurador do rei era cuidar de seus interesses financeiros. Não havia funcionário mais importante nem cargo de tanta confiança.[4] Ao pé da cruz, Mateus e Marcos mencionam, além de Maria Madalena, a presença de outra Maria, a mãe de José e do apóstolo Tiago (descrito como "pequeno" ou "menor" para distingui-lo de Tiago irmão de João, filho de Zebedeu; Mateus 27:56; Marcos 15:40);[5] e também de Salomé, esposa de Zebedeu, mãe de Tiago e de João e possivelmente irmã de Maria, mãe de Jesus. João fala ainda de outra Maria, esposa de Clopas, de quem nada se sabe. Apenas João identifica Maria, mãe de Jesus, entre o grupo. É digno de nota que, nesse Evangelho, ela nunca é mencionada pelo nome. João a chama de "mãe de Jesus" (talvez para evitar confundi-la com as outras Marias que aparecem na narrativa).[6]

Esse grupo de mulheres provavelmente permaneceu perto da cruz até o momento em que Jesus morreu. Depois, elas se afastaram do centro dos acontecimentos e se uniram a outros amigos de Jesus, que estavam distantes da cruz (Mateus 27:55-56; Marcos 15:40-41).[7]

Durante todo o tempo da crucificação, e posteriormente no sepulcro, essas mulheres demonstraram mais coragem e mais compromisso do que aqueles que prometeram ir com Jesus para a prisão e a morte. Elas não apenas subiram o Gólgota, mas desceram ao lugar da tumba. Observaram onde e como o corpo de Jesus foi sepultado e compraram aromas para embalsamá-lo (Lucas 23:55-56). O sábado estava começando, e elas descansariam, segundo o

---

[4] BARCLAY, W. *Lucas*, p. 97.
[5] TASKER, R. V. G. *Mateus*, p. 212.
[6] CARSON, D. A. *O comentário de João*, p. 169.
[7] WIERSBE, W. W. *The Wiersbe Bible Commentary:* New Testament, p. 306.

mandamento, até o domingo, quando voltariam ao túmulo para testemunharem a maior e a melhor de todas as notícias!

## As filhas de Jerusalém

Apenas Lucas relata a presença de outras mulheres além das galileias no drama da crucificação. Elas são chamadas de "filhas de Jerusalém" e seguiram Jesus pelo caminho até o Calvário (Lucas 23:27). Essas mulheres não eram as discípulas de Jesus, mas, mesmo assim, demonstraram compaixão pelo sofrimento atroz imposto a Ele. Três fatos devem ser aqui destacados.

Em primeiro lugar, *o lamento das mulheres*. Elas, sensíveis à agonia de Jesus, batiam no peito e lamentavam, demonstrando, assim, sua compaixão.

Em segundo lugar, *a ordem de Jesus*. Mesmo ferido, sangrando e caminhando para o lugar de sua execução, Jesus ordenou às mulheres que não chorassem por Ele. Ele não caminhava para a cruz como um mártir. Não fazia aquela marcha porque estava impotente diante do poder religioso e político que o prendera e o sentenciara à morte. Ele caminhava com firmeza pétrea, não levando em conta a ignomínia da cruz, pela alegria que lhe estava proposta. Jesus disse às mulheres para que chorassem por si mesmas e por seus filhos. O Filho de Deus não precisava ser objeto de comiseração. Elas e seus filhos, sim. Ainda que justamente naquele momento Jesus estivesse sofrendo os tormentos do inferno, seu futuro é seguro. Aquelas mulheres, por outro lado, a menos que se arrependessem, não teriam futuro certo, nem elas nem seus filhos.[8] Jesus desvia o olhar delas de sobre si mesmo para o futuro delas e de seus filhos.[9]

Em terceiro lugar, *a profecia de Jesus*. Jesus profetiza o cerco de Jerusalém como um sinal do que acontecerá em sua Segunda

---

[8] HENDRIKSEN, W. *Lucas*. v. 2, p. 647.
[9] RIENECKER, F. *Evangelho de Lucas*, p. 455.

Vinda: "Porque dias virão em que se dirá: Bem-aventuradas as estéreis, que não geraram, nem amamentaram. Nesses dias, dirão aos montes: Caí sobre nós! E aos outeiros: Cobri-nos! Porque, se em lenho verde fazem isto, que será no lenho seco?" (Lucas 23:29-31).

O massacre romano foi inescapável e crudelíssimo. O general Tito destruiu a cidade de Jerusalém e dispersou o povo. Matou à espada velhos e crianças, homens e mulheres, e vendeu os restantes como escravos. Esse amargo episódio do ano 70 d.C. é um símbolo do que acontecerá na Segunda Vinda de Cristo, quando as pessoas buscarão a morte e não a acharão. O que aconteceu com Jesus, o lenho verde, foi um símbolo daquilo que acontecerá às pessoas impenitentes, o lenho seco, no dia do juízo.

Todo o discurso de Jesus às "filhas de Jerusalém" é uma inesquecível manifestação da plena ausência de autocomiseração do Salvador e de seu ardente desejo, mesmo agora, de que os impenitentes se arrependam e sejam salvos.[10]

## Maria, mãe de Jesus

Entre as mulheres que se reúnem ao pé da cruz está Maria, mãe de Jesus. O privilégio incomparável de ser mãe de Jesus agora é marcado pela dor indizível de contemplar o próprio filho pregado na cruz. A espada profetizada por Simeão muitos anos antes (Lucas 2:35) alcança, enfim, a alma de Maria. Trata-se da morte de Jesus. O sofrimento dele não a deixaria incólume.

Embora esteja na companhia de outras mulheres, Maria encontra-se desamparada. Nenhum dos evangelistas menciona a presença de seus filhos. Diz a Bíblia que os irmãos de Jesus não creram nele senão após a ressurreição. Muito provavelmente José, a essa altura, já havia morrido. Maria era uma viúva, carente de proteção física e amparo legal.

---

[10] HENDRIKSEN, W. *Lucas*. v. 2, p. 649.

Na época, a viúva era uma mulher desprotegida e indefesa, que não possuía mais um protetor natural. Viúvas tinham poucos meios de ganhar a vida, por isso, muitas delas eram pobres. No judaísmo, as viúvas eram consideradas objeto de atenção especial. Era obrigação do bom judeu atentar para elas, obrigação essa deduzida do quinto mandamento. O mandamento "Honra teu pai e tua mãe" era a base, no judaísmo, tanto do dever dos filhos para com os pais, incluindo o dever de suprir as necessidades do genitor enviuvado, como da responsabilidade geral da comunidade para com os idosos. O cristianismo herdou do judaísmo esse princípio. Pelos registros de Atos (6:1; 9:39), vemos que a comunidade de cristãos via o cuidado com suas viúvas como uma responsabilidade importante; elas, por sua vez, se agrupavam como um corpo ocupado com ações de bondade para com os pobres.[11]

Deus se apresenta diversas vezes no Antigo Testamento como o defensor das viúvas. Ele se mostra como "juiz das viúvas" e dedica a elas um cuidado especial. Aqueles que se aproveitavam da fragilidade das viúvas estavam sob maldição (Isaías 10:1-4). Isso, porém, não impedia homens gananciosos de se beneficiarem. Jesus amaldiçoou os escribas e fariseus que devoravam as casas das viúvas (Mateus 23:14). Por serem mulheres, as viúvas não eram emancipadas perante a lei. Por isso, precisavam do auxílio de um homem para administrar legalmente o inventário do marido falecido. Nessas circunstâncias, os mestres da lei, versados no direito, em vez de defenderem os interesses delas, roubavam-lhes os bens. Administravam as propriedades de muitas, explorando-as e tornando-as suas presas. Eles quebravam o mandamento mais importante da lei, que é o amor. Por serem gananciosos, viviam para explorar os fracos, em vez de socorrê-los e ensiná-los.

Mesmo enquanto realizava a grande obra da redenção, Jesus atentou para a condição única de Maria. Ele demonstrou seu

---

[11] KELLY, J. N. D. *I e II Timóteo e Tito*, p. 108-109.

cuidado pela mãe, provendo-lhe aquilo de que ela necessitaria na hora de maior dor e devastação.

Não poucas vezes, nossa alma será oprimida por angústias lancinantes, nossos olhos umedecerão com lágrimas abundantes e nosso corpo será surrado por dores alucinantes. Alguns caminhantes desistem e retrocedem. Outros optam por seguir o caminho largo. Aqueles, porém, que confiam no Senhor e recorrem ao seu divinal refúgio marcham resolutos, de força em força, até chegar à glória.

Deus nos conhece e nos ama. É o nosso Pai. Ele sabe do que temos necessidade. Se pedirmos um pão, Ele não nos dará uma pedra; se pedirmos um peixe, Ele não nos dará uma cobra. Nele vivemos e existimos. Ele é o Deus que nos criou e nos mantém vivo. Ele nos protege, nos livra, nos guarda e nos sustenta. Ele jamais desampara aqueles que nele esperam. Descanse em Deus. Confie nele. Saiba que Ele é fiel para cuidar de você e conduzi-lo em triunfo.

## A PALAVRA DE AFEIÇÃO

A terceira palavra de Jesus na cruz é uma palavra de afeição: "Mulher, eis aí teu filho. Eis aí tua mãe" (João 19:26-27). Segundo o teólogo Donald Carson, essas palavras são reminiscências de uma fórmula legal de adoção, com a única diferença de que seriam ditas na segunda pessoa — "Você é meu filho; você é minha mãe" em vez de "Eis aí teu filho; eis aí tua mãe".[12] Embora esse não seja um cenário legal, Jesus demonstra cuidado por Maria enquanto ela e o discípulo amado estão passando pelo momento mais sombrio de sua caminha em direção à plenitude da fé.[13]

A primeira parte da palavra é dirigida a Maria; a segunda é para João. Veremos a seguir algumas características dessa palavra que Jesus dirige à sua mãe e lições que podem ser tomadas a partir dela.

---

[12] CARSON, D. A. *O comentário de João*, p. 618.
[13] CARSON, D. A. *O comentário de João*, p. 618.

## Jesus se dirige a Maria chamando-a de "mulher"

Tanto aqui como nas bodas em Caná (João 2:4), quando Maria aborda Jesus com o problema do vinho que havia acabado, Jesus se dirige a ela chamando-a de "mulher", *gynai*, no grego, em vez de "mãe". Essa é a mesma palavra que Ele usou para falar com Maria Madalena quando apareceu a ela no jardim, ressurreto dentre os mortos (João 20:13).

Em uma das obras de Homero, famoso poeta grego, "mulher" é o termo com o qual Odisseu se dirige a Penélope, sua esposa amada. É a palavra que Augusto, o imperador romano, usa para Cleópatra, a famosa rainha egípcia. Dessa forma, longe de ser uma palavra descortês e grosseira, era um título de respeito.[14]

Assim, Jesus, ao dirigir-se à sua mãe tratando-a por "mulher", demonstrou extrema cortesia, uma vez que esse termo poderia ser traduzido por "madame" ou "minha senhora".[15] Comentando sobre o uso dessa palavra em João 2:4, o professor e comentarista bíblico William Hendriksen lança mais luz sobre o assunto:

> Ao dizer "Mulher", o Senhor não intencionava ser rude. Muito pelo contrário. Ele foi muito gracioso ao enfatizar, com o uso dessa palavra, que Maria não devia mais pensar nele como sendo apenas seu filho, pois, quanto mais ela o visse como seu filho, mais haveria de sofrer, ao vê-lo sofrendo. Maria devia começar a vê-lo como seu Senhor.[16]

Concordo com Donald Carson quando ele diz que, ao chamar Maria de "mulher" em vez de "mãe", Jesus está mantendo seu ministério livre de quaisquer conselho, propósito ou manipulação humanos. O propósito de sua vinda era unicamente satisfazer a

---

[14] BARCLAY, W. *Juan I*, p. 106.
[15] BRUCE, F. F. *João*, p. 70.
[16] HENDRIKSEN, W. *João*, p. 158.

vontade do Pai celeste. Compreender isso deve ter sido extremamente difícil para Maria. Ela o havia dado à luz, amamentado, ensinado as tarefas mais elementares da vida humana. Provavelmente, pouco antes de o ministério de Jesus ter início, ela confiava nele como o provedor da casa, sendo Jesus o primogênito. No entanto, quando chegou o momento de Jesus dar início ao seu ministério, tudo, até os laços familiares, deveriam ser subordinados à sua missão divina. Jesus revelou a Maria que agia de acordo com uma agenda celestial, determinada pelo Pai. Não era pressionado pelas circunstâncias nem pelas pessoas, mesmo que fossem as mais achegadas. Seu cronograma de ação já havia sido traçado na eternidade. Jesus deixa claro que, iniciado o seu ministério público, tudo, incluindo os laços de família, estava subordinado à sua missão divina. Todos, incluindo seus familiares, precisavam ter consciência de que Ele andava conforme a agenda do céu, não conforme as pressões terrenas. Maria não poderia mais ver seu filho como as outras mães. Ela havia sido destituída das prerrogativas da maternidade. Como qualquer outra pessoa, ela deveria ir até Ele na condição de Messias prometido, de Cordeiro de Deus que tira o pecado do mundo.[17]

Isso nos revela que não podemos pôr Jesus contra a parede. Jesus não se submete à agenda humana. Ele não age na pressão do nosso tempo. Ele não se deixa domesticar. Ele não pode ser pressionado. Ele não precisa nem aceita ajuda humana para cumprir seus propósitos. Ele não está sujeito a nós, mas nós estamos sujeitos a Ele. Ele pode ter nascido de Maria, mas foi Ele quem a criou e a preservou. Pela sua palavra e conforme sua vontade, todas as coisas foram criadas e passaram a existir. Jesus intervém na história quando quer, como quer, sempre para o louvor da sua glória. Ele é Deus. Ele está assentado num alto e sublime trono e rege os destinos da história conforme o conselho da sua vontade.

---

[17] CARSON, D. A. *O comentário de João*, p. 171.

## "Eis aí teu filho"

José e Maria tiveram filhos: Tiago, José, Simão e Judas (Mateus 13:55-56; Marcos 6:1-6). Eles eram meios-irmãos de Jesus. Certamente, não se trata de "irmãos" no sentido espiritual, como é usado em outros trechos dos Evangelhos, porque é dito explicitamente que estes não acreditavam na messianidade de Jesus (João 7:5).[18]

Durante todo o seu ministério, os irmãos de Jesus não acreditaram nele, embora tivessem percebido que suas afirmações e suas obras não eram as de um homem comum. O raciocínio deles era o seguinte: se Jesus de fato era quem dizia ser, então devia proclamar e demonstrar isso publicamente, para receber o devido reconhecimento. Os irmãos de Jesus pensavam que uma pessoa pública que quer avançar em sua causa deveria causar impacto nos grandes centros, como a capital, Jerusalém, e não permanecer na obscuridade de um lugarejo do interior, como Jesus (na opinião deles) vinha fazendo. Para os irmãos de Jesus, parecia inacreditável que alguém que tivesse certeza de ser o Messias evitasse intencionalmente a publicidade. Ninguém que desejasse ser uma personagem pública permaneceria na obscuridade. Jesus deveria se mostrar ao mundo.

Tanto os irmãos de Jesus como a própria mãe pareciam não compreender a natureza e a motivação da atividade na qual Ele estava engajado. Marcos relata que, em determinado momento, a família de Jesus foi prendê-lo, por julgar que Ele estava fora de si. Jesus estava tão atarefado que não tinha tempo nem para comer (Marcos 3:20). Por essa razão, sua família chegou a duvidar da sua sanidade mental. Eles queriam colocar Jesus debaixo de uma custódia protetora.[19] Para eles, quem serve aos outros sem ter tempo para si mesmo é incompetente para cuidar da sua própria vida.[20]

Seus irmãos não criam nele porque não conseguiam deixar seus preconceitos quanto ao tipo de pessoa que o Messias deveria ser

---

[18] BRUCE, F. F. *João*, p. 152.
[19] HENDRIKSEN, W. *Marcos*, p. 172.
[20] MULHOLLAND, D M. *Marcos*, p. 72.

AFEIÇÃO

e ao tipo de coisas que deveria fazer.²¹ Em vista disso, Jesus disse à multidão que se reuniu para ouvi-lo: "Minha mãe e meus irmãos são aqueles que ouvem a palavra de Deus e a praticam" (Lucas 8:21). Jesus não estava desmerecendo sua família de sangue, nem repudiando sua mãe. Em vez disso, enaltecia o privilégio de se tornar seu seguidor e de ser chamado filho de Deus. Mais importante do que ser parte da família biológica de Jesus é participar de sua família espiritual e ser membro da família de Deus. Na lógica de Jesus, os familiares espirituais eram mais próximos que os parentes de sangue.²²

As Escrituras deixam claro que os irmãos de Jesus só se tornaram seus seguidores após a ressurreição (Atos 1:14). Paulo diz que, após a ressurreição, o Senhor se revelou a Tiago (1Coríntios 15:7).²³

Donald Carson nota que os irmãos de Jesus talvez não estivessem presentes na crucificação porque, além de não serem simpáticos ao ministério do irmão, talvez não estivessem em Jerusalém, uma vez que moravam em Cafarnaum.²⁴ Dessa forma, foi a João que Ele transmitiu a responsabilidade de cuidar de Maria, não apenas na condição de uma viúva que perdia o filho, mas de uma mulher que desenvolvia sua fé no Salvador.

A palavra de Jesus a Maria enseja algumas lições.

Em primeiro lugar, *Jesus demonstra seu zelo como filho*. O professor bíblico Arthur Pink diz corretamente que, na cruz, contemplamos o terno cuidado e solicitude de Cristo para com sua mãe, e nisso temos o padrão de Jesus Cristo apresentado a todos os filhos para que o imitem. Com essa palavra, Jesus os ensina como se portar em relação aos pais de acordo com a leis da natureza e da graça.

Jesus não esperou que os irmãos lidassem com a situação e provessem para sua mãe. Mesmo na cruz, Ele manteve-se fiel às suas

---

[21] BRUCE, F. F. *João*, p. 153.
[22] RIENECKER, F. *Evangelho de Lucas*, p. 195.
[23] BRUCE, F. F. *João*, p. 317.
[24] CARSON, D A. *O comentário de João*, p. 618.

responsabilidades como filho e assumiu o cuidado de sua mãe. Honrar e obedecer a pai e mãe é honrar ao próprio Deus, pois esse mandamento procede do Senhor.

Em todas as culturas, em todas as épocas, em todos os lugares, espera-se que os filhos honrem seus pais. É um claro sinal de decadência da sociedade quando os filhos desprezam seus pais. É extremamente doloroso um filho chegar à idade adulta e, quando sua mãe já está velha, cansada e sem forças para o trabalho, desprezá-la, desampará-la e deixá-la sem sustento digno, sem proteção e sem apoio emocional. Não há desumanidade mais gritante do que desprezar pai e mãe. Não há agressão mais violenta do que colocar os pais, já idosos, no escanteio da vida, sem cuidado e amor. Os filhos devem ser a alegria dos pais, e não o seu pesadelo.

A Bíblia orienta os filhos: "Ouve a teu pai, que te gerou, e não desprezes a tua mãe, quando vier a envelhecer (Provérbios 23:22)". Desprezar é não ouvir mais os conselhos. É desamparar os pais em suas necessidades. É deixar de honrá-los, retendo aquilo de que precisam para terem uma velhice digna. É demonstrar ingratidão, abandonando-os à própria sorte, deixando-os nos braços da solidão. Os pais cuidam dos filhos quando estes são pequenos, e os filhos devem cuidar dos pais quando estes envelhecerem. É dentro do lar que devemos demonstrar o nosso mais acendrado amor. Aqueles que não cuidam da própria família tornam-se piores do que os incrédulos. A família precisa ser lugar de honra, afeto e cuidado.

Em segundo lugar, *Jesus deu à Maria um propósito maior pelo qual viver*. Antes de confiar Maria a João, Jesus confia *João* a Maria. A morte de Jesus não encerrava o papel dela de mãe. Com sua morte, Jesus inaugura uma nova ordem de relacionamentos, uma nova comunidade, não baseada em laços de sangue, mas no amor. Na comunidade de discípulos, Maria não assumia mais o papel de mãe de Jesus, mas de mãe de outro discípulo. Tal bênção é uma demonstração peculiar afirmada por Jesus em outra ocasião: "E todo aquele que tiver deixado casas, ou irmãos, ou irmãs, ou pai, ou mãe [ou mulher], ou filhos, ou campos, por causa do meu nome, receberá muitas vezes mais e herdará a vida eterna" (Mateus 19:29).[25]

A igreja é uma comunidade de irmãos que se amam e que velam uns pelos outros. Precisamos ser exortados, confrontados e consolados uns pelos outros. Precisamos de cuidado dos membros da família da fé todo dia e o dia todo. Negligenciar isso é dar brechas ao endurecimento do coração.

Os membros da família de Deus são instados ao amor: "Amai-vos cordialmente uns aos outros com amor fraternal" (Romanos 12:10a). Nesse versículo, Paulo usa duas palavras gregas distintas para amor: *philostorgos* ("amai-vos cordialmente") e *philadelphia* ("com amor fraternal"). A primeira descreve a afeição natural que sentimos pelos nossos familiares, tipicamente o amor dos pais pelos filhos. A segunda descreve o amor fraternal, ou seja, o amor de irmãos e irmãs uns pelos outros. Ambas as palavras eram aplicadas a relações de sangue dentro da família humana.[26] Devemos amar nossos irmãos em Cristo como amamos os membros da nossa família de sangue.

O Novo Testamento dá exemplos de pessoas que adotaram os irmãos da fé como membros de sua própria família. Entre as várias pessoas que Paulo saudou no fim da carta aos Romanos, ele mencionou a mãe de Rufo, dizendo que ela: "também tem sido mãe para mim" (Romanos 16:13). Talvez nenhum elogio seja tão profundo, tão caro e tão íntimo como esse. Já imaginou o privilégio de ter cuidado de Paulo como uma mãe? Já imaginou ter confortado sua alma nas horas difíceis, como só uma mãe sabe fazer? Já imaginou como Paulo tinha pressa em estar perto dessa mulher para receber dela cuidado, conforto e encorajamento? A mãe de Rufo é uma dessas ilustres anônimas que, embora desconhecida na terra, com certeza é aprovada no céu.

Dentro da igreja não somos estranhos, muito menos unidades isoladas; somos irmãos e irmãs, porque temos o mesmo Pai, Deus.

---

[25] CARSON, D. A. *O comentário de João*, p. 620.
[26] STOTT, J. *Romanos*, p. 400.

A igreja não é apenas um agrupamento de conhecidos nem mesmo a reunião de amigos, mas uma família em Deus.

Em terceiro lugar, *Jesus deu um valor renovado à velhice*. Maria envelheceria, mas esse não seria o fim de sua carreira espiritual. Ela ainda poderia gerar frutos como mãe adotiva de João e, futuramente, quem sabe, de outros membros da comunidade de discípulos.

Billy Graham, o maior evangelista do século 20, em seu último livro, *A caminho de casa*, disse que a velhice não é para os fracos. A velhice é um privilégio do qual nem todos desfrutam. Muitas pessoas tombam cedo no campo de batalha e jamais chegam à fase outonal da vida. Outros chegam à velhice vencidos pela amargura, ou alimentam-se apenas das lembranças do passado sem qualquer perspectiva para o futuro.

Por outro lado, há pessoas que desfrutam de uma ditosa velhice, saboreando o melhor da vida. Uma vida longa é a recompensa de uma vida íntegra, e a Bíblia ensina que a velhice abre portas para oportunidades incríveis. Josué liderou o povo de Israel na conquista da Terra Prometida. No fim de sua vida, ele ouviu do Senhor que ainda havia muitíssima terra para se possuir em Canaã (Josué 13:1). Além da terra, havia entre o povo uma nova geração que não conhecia mais a Deus (Juízes 2:10-11). Josué, já idoso, é informado por Deus que resta ainda muita coisa a fazer.

A velhice não é tempo de vestir um pijama e deitar-se numa cadeira de balanço. A velhice não é tempo de olhar apenas pelas lentes do retrovisor e ficar lembrando de um tempo que não volta mais. A velhice é tempo de novos sonhos, novas conquistas e novas realizações. O profeta Joel, falando da promessa do derramamento do Espírito Santo, disse que os velhos sonhariam (2:28). Abraão começa a caminhar com Deus aos 75 anos de idade. Calebe estava disposto a conquistar uma montanha aos 85 anos. Na velhice temos maturidade e experiência para inspirar as novas gerações. Na velhice ainda temos muitíssima terra para conquistar. A velhice não é tempo de jogar a toalha; é tempo de agir!

Sem cair no triunfalismo daqueles que batizam essa fase da vida como "a idade de ouro" ou "a melhor idade", precisamos compreender que a velhice é tempo de testemunhar acerca da fidelidade de Deus quanto ao passado e dos novos e grandes desafios quanto ao futuro. A Escritura promete que mesmo na velhice podemos dar frutos e sermos cheios de seiva e verdor (Salmos 92:14).

Deus dá grande valor ao idoso. A esse respeito, Ele instrui a comunidade de Israel: "Diante das cãs te levantarás, e honrarás a presença do ancião, e temerás o teu Deus. Eu sou o Senhor" (Levítico 19:32). O versículo 32 é um complemento do quinto mandamento. "Cãs" são os cabelos brancos conquistados com a idade avançada, a velhice. Provérbios 16:31 diz que as cãs que se acham no caminho da justiça são "coroa de honra". Ser idoso e ter cabelos brancos diante de Deus é um privilégio. O texto de Levítico ainda diz que honrar os mais velhos é uma evidência do temor a Deus. Paulo, falando negativamente, diz que uma marca das pessoas malignas e sem temor a Deus é justamente o fato de não honrarem seus pais (Romanos 1:30; 2Timóteo 3:2).

Na Bíblia, velhice é símbolo de experiência e sabedoria. A fase outonal da vida pode ser um período de grandes venturas. Não é apenas uma fase de colheita, mas também de semeadura e investimento. Em sua primeira carta a Timóteo, Paulo fala que homens idosos e mulheres idosas da igreja devem ensinar as gerações mais novas a serem bons cristãos em seus relacionamentos interpessoais. A velhice reúne conhecimento e experiência. E esse legado precisa ser transmitido à geração atual. Os idosos são instrumentos de Deus para transmitir a fé para as novas gerações.

É importante ressaltar que a Bíblia não trata de faixas etárias, ela trata de gerações. Uma geração tem o privilégio e a responsabilidade de ensinar e anunciar à seguinte os louvores do Senhor, e o seu poder, e as maravilhas que Ele fez (Salmos 78:3-4). As gerações mais velhas, pais e avós, transmitem às mais novas a fé sem fingimento, tal qual fizeram Eunice e Loide em relação a Timóteo (2Timóteo 1:5). A maior alegria das pessoas idosas é ver que seus filhos andam na verdade. A maior recompensa dos avós é ver que sua descendência tem compromisso com os ensinos recebidos. A maior herança que os velhos podem ter é ver que sua abundante semeadura nas gerações emergentes produziu uma lavoura farta com frutos benditos. O grande galardão dos idosos que amam a Deus é saber que as gerações pósteras conhecerão a Deus. É tempo dos velhos se levantarem e desafiarem a nova geração a colocar em Deus a sua confiança.

## "Eis aí tua mãe"

A segunda parte da palavra de Jesus foi dirigida ao "discípulo amado". Segundo o relato dos Evangelhos, este era o único homem presente ao pé da cruz. Parado ao lado da mãe de Jesus, talvez ele tivesse dado seu braço para que ela se apoiasse nele.

Essa expressão aparece em quatro ocasiões nos últimos capítulos do Evangelho de João: no cenáculo (13:23); ao pé da cruz de Jesus (19:26); diante do túmulo vazio (20:2-8); no lago de Tiberíades, quando o Senhor ressurreto apareceu a sete discípulos (21:20-22).[27] Por um processo de eliminação, o discípulo amado tem sido tradicionalmente reconhecido como o próprio João. Ele deliberadamente se abstém de usar o próprio nome, e em vez disso se apresenta apenas como "discípulo amado".

De acordo com Donald Carson, há duas possíveis respostas quanto ao motivo de João se manter anônimo:

Em primeiro lugar, *a expressão "discípulo amado" não implica arrogância, como que dizendo "Sou mais amado do que os outros"*. Em vez disso, ela demonstra um profundo senso de dívida e gratidão com a graça. Dessa forma, o anonimato do discípulo amado pode ser uma maneira discreta de o autor não querer nem mesmo passar a impressão de ser tão importante quanto Jesus.

---

[27] BRUCE, F. F. *João*, p. 248.

AFEIÇÃO

Em segundo lugar, *ao fazer isso, o autor desse Evangelho se coloca como modelo para seus leitores: tornar-se cristão significa um relacionamento transformador com Jesus, quem, de fato, recebe toda a glória.*[28]

Embora os quatro Evangelhos sejam anônimos, ou seja, não trazem o nome de seus respectivos autores, há inconfundíveis e irrefutáveis evidências internas e externas de que o quarto Evangelho tenha sido escrito pelo apóstolo João, irmão de Tiago, filho de Zebedeu, empresário de pesca do mar da Galileia. Sua mãe era Salomé (Marcos 15:40; Mateus 27:56), que contribuía financeiramente com o ministério de Jesus (Mateus 27:55,56) e pode ter sido irmã de Maria, mãe de Jesus (João 19:25). Se essa interpretação for verdadeira, então João e Jesus eram primos.[29] Sendo assim, ao entregar Maria aos cuidados de João, Jesus estava mantendo-a dentro da família, sendo amparada por um sobrinho.

Junto com Pedro e Tiago, João formou o grupo mais íntimo dos três discípulos. Eles estiveram com Jesus na ressurreição da filha de Jairo (Marcos 5:37), na transfiguração (Marcos 9:2) e na sua angústia no jardim de Getsêmani (Marcos 14:33). Dos três, João era o mais íntimo de Jesus. Foi ele quem se inclinou sobre o peito de seu Mestre durante a ceia pascal; foi ele quem acompanhou seu Senhor ao julgamento, quando os demais discípulos fugiram (João 18:15), além de permanecer com as mulheres diante da cruz.[30] De todos os apóstolos, foi ele o único que esteve ao pé da cruz. Depois da ascensão de Cristo, João tornou-se um dos grandes líderes da igreja de Jerusalém.

De acordo com a tradição, João mudou-se para Éfeso, capital da Ásia Menor, onde viveu os últimos anos de sua vida, como líder da igreja na região. Foi banido para a ilha de Patmos, no governo de Domiciano, na qual escreveu o livro de Apocalipse. Com a ascensão do imperador Marco Nerva, João recebeu permissão para retornar

---

[28] CARSON, D. A. *O comentário de João*, p. 473.
[29] MACARTHUR, J. *The MacArthur New Testament Commentary*, p. 7-8.
[30] PEARLMAN, M. *Através da Bíblia*, p. 215.

a Éfeso, e lá morreu aos 98 anos, no início do reinado de Trajano. João foi o único apóstolo de Jesus que teve morte natural.

Na cruz, Jesus deixou sua mãe aos cuidados de João, quem deveria tratá-la como sua própria mãe. João escreve que daquela hora em diante, "o discípulo a tomou para casa" (João 19:27). Isso provavelmente indica que assim que Jesus morreu, João levou Maria para casa. As últimas informações históricas que nós temos é que quando João era pastor da igreja de Éfeso, Maria morava também em Éfeso. Isso mostra que João obedeceu prontamente a Jesus e, com isso, mostrou ser verdadeiro amigo dele, pois os amigos de Jesus amam como Ele e obedecem a Ele. Somos conhecidos como cristãos pela obediência a Deus e pelo amor aos irmãos.

A palavra de Jesus a João enseja algumas lições.

Em primeiro lugar, *a família deve ser lugar de amor e cuidado*. Jesus cuidou de sua mãe e depois, com sua morte, encomendou-a aos cuidados de seu primo e amigo próximo. O cuidado com a família é um princípio vital da fé cristã. O amor ao próximo precisa ser visto prioritariamente dentro do lar.

Devemos fazer o bem a todos, mas especialmente aos domésticos da fé. Devemos cuidar de todos, mas principalmente dos membros da nossa família, porque aquele que não cuida dos membros de sua própria casa é pior do que o incrédulo e nega a fé.

Nossas palavras precisam ser avalizadas por nossas ações. Se temos disposição de ajudar os de fora, muito maior zelo devemos ter para socorrer os de dentro de casa. Desamparar alguém da própria casa é negar a fé e sucumbir à própria apostasia. Desassistir a família em suas necessidades é um gritante mau testemunho. É negar a fé e tornar-se pior do que o incrédulo. A teologia precisa vir acompanhada da ética. O credo precisa ser referendado pela conduta. A confissão precisa ser comprovada pela ação. Ser cristão é ser um marido melhor e um pai melhor. Ser cristã é ser uma esposa melhor e uma mãe melhor. A vida cristã começa no lar e dele transborda para o mundo.

É no lar que forjamos nossas relações mais duradouras. É no seio da família que firmamos os laços das amizades mais profundas.

É no lar que somos amados por aquilo que somos, e não pelo nosso desempenho. É no lar que aprendemos o que é ser amigo.

Nossos melhores amigos precisam estar dentro da nossa própria casa. A família precisa ser o celeiro das amizades genuínas. É dentro da família que precisamos expressar nosso amor mais profundo, nossa amizade mais leal, nosso companheirismo mais fiel. É na família que devemos fazer nossos mais robustos investimentos. Quem não cuida de sua família nega a fé. Quem não é leal aos de casa não pode ser fiel aos de fora. É no laboratório da família que devemos desenvolver nossas experiências mais profundas acerca da verdadeira amizade.

Em segundo lugar, *ser amigo de Jesus é fazer o que Ele ordena*. Poucas horas antes da cruz, João estava com Jesus no cenáculo. Ouviu dele: "Vós sois meus amigos, se fazeis o que eu vos mando" (João 15:14). Diante da cruz, João recebe o pedido de um amigo, mas também de seu Senhor.

Os amigos de Jesus demonstram sua amizade quando fazem o que Ele manda. Há diversos tipos de amizade. Há a amizade de taberna, que nada mais é do que uma reprovável parceria no pecado. Há a amizade utilitarista, que se aproxima de alguém apenas para auferir vantagens. A amizade sobre a qual Jesus está falando aqui é um relacionamento de compromisso com os mesmos valores e propósitos. O amigo de Jesus tem não apenas sua palavra e sua companhia, mas também seu coração. Por isso, ninguém pode arrogar a si o privilégio de ser amigo de Jesus sem pronta obediência às suas ordenanças. Obediência é uma expressão de amor.

A prova moral de que pertencemos à família de Deus é a obediência. O conhecimento de Deus e a obediência a Deus devem caminhar sempre juntos. Aquele que diz que conhece a Deus, mas não guarda seus mandamentos, é mentiroso.

Em terceiro lugar, *ser amigo de Jesus é amar como Ele ama*. Após anunciar sua partida, o Senhor deu um novo mandamento aos seus discípulos: "Novo mandamento vos dou: que vos ameis uns aos outros; assim como eu vos amei, que também vos ameis uns aos outros. Nisto conhecerão todos que sois meus discípulos: se tiverdes amor uns aos outros" (João 13:34-35). Amar ao próximo como a si mesmo não era um mandamento novo, mas uma prescrição da lei. O novo mandamento ensinado por Jesus tem o próprio Cristo como exemplo e padrão: "assim como eu vos amei, que também vos ameis uns aos outros". Jesus amou os discípulos e andou com eles. Jesus amou os discípulos e os ensinou. Jesus amou os discípulos e os exortou. Jesus amou os discípulos e os serviu. Jesus amou os discípulos e deu a vida por eles. Jesus amou os discípulos não como a si mesmo, porém mais do que a si mesmo. Ele amou os discípulos e morreu na cruz por eles. Agora, ordena que os discípulos amem uns aos outros da mesma maneira como Ele os amou.

O amor não consiste apenas em palavras; não é um mero sentimento. O amor é uma ação, uma entrega, a expressão de um sacrifício. Não somos, portanto, o que falamos nem o que sentimos, mas o que fazemos. Quem ama se esquece de si mesmo e se empenha pelo outro. O empenho mais sublime é o da própria vida.

O amor é a apologética final, o argumento decisivo, a evidência mais robusta de que somos discípulos de Jesus. O discípulo é aquele que transforma suas palavras em ações e seu amor em serviço sacrificial. Não há maior força evangelística do que a prática deste novo mandamento: o exercício do amor. Uma comunidade amorosa é a autenticação visível do evangelho.[31] Tertuliano, pai da igreja do século 2, ressalta o que os pagãos diziam dos cristãos: "Vejam como eles se amam! Como estão prontos a morrer uns pelos outros!".[32]

Jesus não está dizendo que os dons espirituais, os milagres, a ortodoxia ou o conhecimento bíblico são as marcas do verdadeiro discípulo. O discípulo de Cristo é conhecido pelo amor. O amor cristão não é egocentrado, mas "outrocentrado". O amor não visa aos próprios interesses, mas busca o interesse dos irmãos. Não faz sentido para as pessoas ouvirem de nós acerca de eleição, regeneração, justificação e conversão se elas não observarem em nós a

---
[31] MILNE, B. *The message of John*, p. 206.
[32] BRUCE, F. F. *João*, p. 254.

prática do amor.³³ O amor a Deus e o amor aos irmãos caminham juntos. Quem não ama vive nas trevas. Quem não ama não conhece a Deus. O amor precisa ser traduzido em ação. A fé precisa atuar por meio do amor. Não somos o que falamos; somos o que fazemos. A prova do nosso amor por Deus é o nosso amor pelo irmão.

## O TESTEMUNHO DE MARIA E DE JOÃO APÓS A CRUCIFICAÇÃO

Após a crucificação, Maria retorna à cena apenas em Atos 1:14. Lucas descreve que, após a ascensão de Jesus, os discípulos voltaram para Jerusalém e, até o Pentecostes, "se reuniam sempre em oração, com as mulheres, inclusive Maria, a mãe de Jesus, e com os irmãos dele". Maria havia completado sua jornada, passando de mãe de Jesus a discípula do Salvador. Não apenas ela, mas os irmãos biológicos de Jesus também entraram para a comunidade dos seguidores de Jesus. Um deles, Tiago, passaria a fazer parte da liderança da igreja. Maria, ao lado dos primeiros cristãos, perseverou em oração e recebeu o Espírito Santo. Viu a comunidade crescer. Acompanhou as perseguições encabeçadas pelas autoridades judaicas. Viu as boas-novas a respeito de Cristo se espalharem de Jerusalém a Judeia, de Samaria aos confins da terra. Em algum momento, relatou suas memórias a respeito da infância de Jesus, as quais, mais tarde, vieram a compor os Evangelhos de Mateus e de Lucas. Dessa forma, mais do que mãe, tornou-se testemunha do Cristo ressurreto. Mais do que uma família de sangue, estava integrada a um corpo que incluía gente de muitas nações.

João também se tornou uma longeva testemunha do Cristo. Em sua primeira carta, transmitiu os ensinamentos finais de Jesus. Combateu as heresias e os falsos mestres que se levantavam na igreja, defendendo a divindade e a filiação de Cristo ao Pai, e os valores que devem guiar a vida de verdadeiros discípulos.

---

³³ RYLE, J. C. *John.* v. 3, p. 53.

Os termos "filhinhos" ou "amados" aparecem várias vezes em sua primeira carta. Como um pai na igreja, ele considera o leitor seus filhos espirituais e lhes escreve com palavras ternas de amor.

Nessa carta ele apresenta algumas provas irrefutáveis que indicam um indivíduo verdadeiramente salvo. O amor é uma dessas provas. Quem não ama não é nascido de Deus. Quem não ama permanece nas trevas. Quem não ama permanece na morte. Quem não ama jamais viu a Deus, porque Deus é amor. Não podemos separar a nossa relação com Deus da nossa relação com os irmãos. Quem não ama seu irmão, a quem vê, não pode amar a Deus, a quem não vê. Também, o amor cristão não consiste apenas em palavras, mas, sobretudo, em ação. A prova do amor é o serviço. Demonstramos nosso amor não com palavras, mas com ações concretas de ajuda aos necessitados. O amor é a apologética final, a evidência insofismável de que somos discípulos de Cristo.

A outra prova que evidencia um verdadeiro cristão é a obediência. Aqueles que creem em Cristo e o amam devem andar assim como Ele andou. O credo precisa estar sintonizado com a vida. O que cremos precisa desembocar naquilo que fazemos. Não pode existir um abismo entre a teologia e a ética, entre a fé e as obras, entre o que falamos e o que fazemos.

Podemos dizer que João viveu o que pregou. Honrou a amizade que tinha com Cristo cuidando da mãe deste, viúva e avançando em dias. Na sua própria velhice, demonstrou amor aos irmãos discípulos, tratando-os como filhos e transmitindo os ensinos que recebera diretamente de Jesus.

Diz-se que quando o apóstolo João chegou a uma idade muito avançada, quando mal podia ser transportado à igreja, a menos que fosse nos braços de seus discípulos, e estava fraco demais para proferir exortações extensas, nas reuniões limitava-se a dizer: "Filhinhos, amai-vos uns aos outros".[34] Não poderíamos esperar outra coisa daquele que designou a si mesmo como "o discípulo amado".

---

[34] PEARLMAN, M. *Através da Bíblia*, p. 331.

QUARTA PALAVRA

# DESAMPARO

> "Deus meu, Deus meu,
> por que me desamparaste?"
>
> — MATEUS 27:46 e MARCOS 15:34

Jesus foi crucificado às nove horas da manhã. Das nove ao meio-dia, Ele esteve à luz do sol. Durante esse intervalo, proferiu as três primeiras palavras da cruz. Ao meio-dia, uma escuridão sobrenatural cobriu a terra. Não foi uma tempestade nem um eclipse, como alguns teólogos liberais têm sugerido. Seria impossível haver um eclipse durante a lua cheia, que era quando se celebrava a Páscoa.[1] Tratava-se de uma escuridão enviada pelos céus, que durou três horas.[2] Por volta das três horas da tarde, quando as trevas retrocederam no céu, Jesus proferiu a quarta palavra, o brado de desamparo: "Deus meu, Deus meu, por que me desamparaste?" (Mateus 27:46; Marcos 15:34).

Foi na cruz que Cristo desceu ao inferno. Foi na cruz que Ele se fez pecado e maldição por nós. Foi na cruz que Ele sorveu o cálice da ira de Deus contra o pecado. O que Ele temeu no Getsêmani agora experimenta na cruz. Deus fez cair sobre Ele a iniquidade de todos nós. Ele foi ferido e traspassado. Nesse momento de mais grave humilhação, terra e céu o desamparam.

## AS TREVAS

A penúltima praga que assolou o Egito antes da morte do Cordeiro Pascal foi três dias de trevas. Agora, antes de Jesus, o nosso Cordeiro Pascal, ser imolado na cruz, também houve três horas de trevas sobre a Terra. Ao meio-dia, quando o Sol está a pino, trevas

---

[1] WIERSBE, W. W. *The Wiersbe Bible Commentary: New Testament*, p. 133.
[2] WIERSBE, W. W. *The Wiersbe Bible Commentary: New Testament*, p. 83.

cobriram a face da Terra. O Sol virou o rosto para seu Criador. A Bíblia diz que, naquele momento, não havia beleza nele. Cristo carregava sobre o seu corpo os nossos pecados.

É conhecida a expressão do escritor Douglas Webster: "No nascimento do Filho de Deus, houve luz à meia-noite; na morte do Filho de Deus, houve trevas ao meio-dia".[3] O pregador inglês Charles Spurgeon diz que o Sol cobriu o rosto, e houve escuridão como que de dez noites, constrangido pelo fato de o grande Sol da Justiça estar em tal terrível escuridão.[4]

Em toda a Bíblia, as trevas são mostradas em oposição à luz. A luz faz parte da esfera de Deus. A luz é boa (Gênesis 1:4). A nuvem que cobriu o povo no êxodo trouxe luz para os israelitas e trevas para os egípcios (Êxodo 14:20). A Palavra de Deus é lâmpada para os pés e luz para o caminho (Salmos 119:105). O apóstolo João anunciou Jesus como "a verdadeira luz, que, vinda ao mundo, ilumina a todo homem" (1:9). Jesus anunciou a si mesmo como "a luz do mundo" (João 8:12). Aonde a luz chega, espanta as trevas. A luz desmascara e dissipa as trevas. Antes de sermos salvos por Jesus, éramos trevas; agora, somos luz no Senhor (Efésios 5:8). Somos filhos da luz e filhos do dia; nós não somos da noite nem das trevas (1Tessalonicenses 5:5). Fomos libertos do império das trevas e transportados por Deus para o reino do Filho do seu amor (Colossenses 1:13). Como aconteceu na nona praga, enquanto a escuridão no Egito permitia aos homens apenas tatear, em Gósen, onde habitavam os israelitas, o Sol brilhava (Êxodo 10:22-23).

As trevas estão associadas ao mundo, à morte, ao pecado, ao Diabo e ao juízo. O mundo está em trevas, porque o Diabo cegou o entendimento dos incrédulos. Onde Jesus se manifesta salvificamente, as vendas dos olhos são arrancadas e os cativos são trasladados do império das trevas para o reino da luz. Aqueles que foram amados por Deus e creem no seu Filho, em vez de condenação, recebem vida

---

[3] WEBSTER, D. *In Debt to Christ*, p. 46.
[4] SPURGEON, C. H. *O evangelho segundo Mateus*, p. 623.

eterna. Porém, diz Jesus, "O que não crê já está julgado, porquanto não crê no nome do unigênito Filho de Deus. O julgamento é este: que a luz veio ao mundo, e os homens amaram mais as trevas do que a luz; porque as suas obras eram más" (João 3:18-19).

Na crucificação de Cristo, o dia se fez noite. Este foi o único instante da história em que a luz se apagou perante as trevas. Concordo com o pastor e teólogo John Stott quando diz que "A escuridão do céu foi um símbolo externo das trevas espirituais que o envolveram".[5] Vejamos duas implicações da escuridão no calvário.

Em primeiro lugar, *as trevas simbolizam o poder estruturado do mal*. O poder das trevas é real. Na carta aos Efésios, Paulo fala de principados, potestades e dominadores deste mundo tenebroso, forças espirituais do mal nas regiões celestiais (6:12). Em relação a isso, podemos salientar três verdades:

*Primeiro*, existe um império do mal em ação no mundo. O mal é uma realidade concreta. Existe um ser maligno, de todo corrompido, que governa esse reino de trevas. O deus desse reino é Satanás. Ele é chamado de diabo, maligno, tentador, destruidor, pai da mentira, assassino, príncipe das trevas, deus deste século, dragão, antiga serpente. Esse reino é das trevas porque é o reino da escravidão, do pecado, da devassidão, da mentira, do engano, da condenação eterna. O reino das trevas é um reino em rebelião contra Deus. Ele amaldiçoa a Deus, nega a Deus, rejeita a Deus e fere as pessoas.

*Segundo*, o ser humano não pode libertar a si mesmo do império de trevas. Satanás é o valente que tem uma casa na qual guarda em segurança todos os seus bens (Mateus 12:28-29). Nós não podemos escapar das garras desse valente por conta própria. O conhecimento esotérico não pode quebrar as algemas dessa escravidão. A sabedoria humana não pode nos emancipar. O ser humano natural é prisioneiro nesse império (Colossenses 1:13), está cativo

---

[5] STOTT, J. *A cruz de Cristo*, p. 82.

na casa do valente, está sob a jurisdição da potestade de Satanás (Atos 26:18), é escravo do pecado (João 8:44), anda segundo o curso deste mundo, segundo o príncipe da potestade do ar, do espírito que agora atua nos filhos da desobediência (Efésios 2:1-3). Ele é absolutamente impotente para libertar a si mesmo.

*Terceiro*, Deus é o único que pode nos libertar do império das trevas. A libertação vem de Cristo, e não de homens. O poder das trevas não pode ser quebrado pela força humana, mas somente pela ação divina. Jesus é o libertador e resgatador que invade a casa do valente, amarra-o, saqueia-lhe a casa e liberta os cativos de suas garras. O indivíduo que outrora estava na potestade de Satanás é transferido agora para outro reino, o reino da luz, o reino de Cristo.

Na cruz, a escuridão simbolizou o poder das trevas, o triunfo momentâneo de Satanás e suas hostes. No jardim do Getsêmani, quando Jesus foi preso, Ele disse aos principais sacerdotes, capitães do templo e anciãos que vieram prendê-lo: "Diariamente, estando eu convosco no templo, não pusestes as mãos sobre mim. *Esta, porém, é a vossa hora e o poder das trevas*" (Lucas 22:53). Possivelmente a palavra "hora" transmite aqui, como no Evangelho de João, a ideia de "hora da cruz". Concordo com o biblista australiano Leon Morris quando diz que "Na prisão de Cristo, as forças do mal atacam Deus. O poder escuro faz sua vontade".[6]

Em segundo lugar, *as trevas simbolizam o destino do mal*. Além de simbolizar o poder do mal, as trevas também indicam, nas Escrituras, o destino dos que praticam o mal: de Satanás, de seus anjos e de todos aqueles que rejeitam à salvação que Jesus oferece.

Em suas parábolas, Jesus falou de servos maus que eram lançados "nas trevas, onde haverá choro e ranger de dentes" (Mateus 8:12; 22:13; 25:30). Esse lugar também é descrito pelo Senhor como "fogo eterno, preparado para o diabo e seus anjos" (25:41), e como

---

[6] MORRIS, L. L. *Lucas*, p. 259.

"castigo eterno" (v. 46). Na parábola da porta estreita, Jesus exorta seus ouvintes a se esforçarem por entrar pela porta estreita, pois quando o dono da casa tiver fechado a porta, os que estiverem fora não terão outra chance. Então, Ele responderá:

> Não sei donde sois. Então, direis: Comíamos e bebíamos na tua presença, e ensinavas em nossas ruas. Mas ele vos dirá: Não sei donde vós sois; apartai-vos de mim, vós todos os que praticais iniquidades. Ali haverá choro e ranger de dentes (Lucas 13:25-28).

O inferno não é um lugar mitológico, mas uma realidade solene. Há céu e inferno; há luz e trevas; há salvação e perdição; há bem-aventurança eterna e condenação eterna. A palavra grega traduzida por "inferno" é *geena*. Deriva do hebraico *ge-Hinnom*, o "Vale do Hinom". Trata-se de uma ravina ao sul de Jerusalém na qual o ímpio rei Acaz levantou a imagem do deus Moloque, um ídolo de bronze, oco por dentro e com os braços estendidos. Diante dele, pais colocavam seus filhos, oferecendo-os em sacrifício a esse abominável ídolo (1Reis 11:7). O próprio rei Acaz queimou ali seus filhos (2Crônicas 28:3). Esse terrível culto pagão foi seguido também pelo rei Manassés (2Crônicas 3:6). O piedoso rei Josias, mais tarde, em sua reforma religiosa, declarou esse vale um lugar imundo (2Reis 23:10). Nos dias de Jesus, o espaço era utilizado como o depósito de lixo da cidade de Jerusalém. Era um local sujo e fétido, onde os vermes jamais deixavam de roer e onde havia sempre fogo e fumaça subindo, como um enorme incinerador.[7]

As associações do termo fizeram que a *geena* fosse um símbolo apropriado do tormento perpétuo do inferno.[8] Dessa forma, o inferno é descrito claramente como o lugar em que o fogo jamais se apagará (Mateus 5:22; 10:28; Lucas 12:5; Tiago 3:6; Apocalipse 19:20), preparado para o Diabo e seus anjos, e todos aqueles que

---
[7] BARCLAY, W. *Marcos*, p. 242.
[8] MORRIS, L. L. *Lucas*, p. 197.

não têm o nome inscrito no Livro da Vida (Mateus 25:46; Apocalipse 20:10,14,15; 21:8). É o estado final e eterno do ímpio depois da ressurreição e do último julgamento.[9] Dentre as sete taças da cólera de Deus derramadas sobre a Terra, lemos que a quinta taça transforma o reino da besta em trevas. Há dor intensa entre os seguidores do mal: "Os homens remordiam a língua por causa da dor que sentiam e blasfemaram o Deus do céu por causa das angústias e das úlceras que sofriam; e não se arrependeram de suas obras" (Apocalipse 16:10-11). Como disse Jesus, estes estão recebendo o julgamento: "O julgamento é este: que a luz veio ao mundo, e os homens amaram mais as trevas do que a luz; porque as suas obras eram más" (João 3:19).

Na cruz, a escuridão também simbolizou julgamento: o julgamento de Deus sobre o nosso pecado; sua ira consumindo-se no coração de Jesus, para que Ele, como nosso substituto, sofresse a agonia mais intensa, a aflição mais indescritível e o desamparo e isolamento mais terríveis. O inferno alcançou o Calvário naquele dia, e o Salvador como que desceu a ele, experimentando os seus horrores em nosso lugar. Jesus desceu das regiões de infinito prazer, nas quais desfrutava a comunhão mais íntima possível com seu Pai, para as profundezas abismais do inferno.[10] John Stott relata esse momento de trevas com as seguintes palavras:

> Nessas trevas exteriores o Filho de Deus se atirou por nós. Nossos pecados apagaram o brilho do rosto do seu Pai. Podemos até ousar dizer que os nossos pecados enviaram Cristo ao inferno — não ao "inferno" (*hades*, a habitação dos mortos) a que se refere o Credo ao dizer que ele "desceu ao inferno" depois da morte, mas ao "inferno" (*gehenna*, o lugar de castigo) a que nossos pecados o condenaram antes que seu corpo morresse.[11]

---

[9] BARTON, B. B. *Mark*, p. 272.
[10] HENDRIKSEN, W. *El Evangelio según San Marcos*, p. 832.
[11] STOTT, J. *A cruz de Cristo*, p. 82.

## O SILÊNCIO

Quando houve trevas no céu, fez-se silêncio na cruz. Tamanha era a ira de Deus que Jesus suportou por nós que a Luz dos homens apagou-se. O Verbo encarnado calou-se. O Santo tornou-se pecado em nosso favor (2Coríntios 5:21).

Em seu ministério itinerante, Jesus foi um pregador eloquente. Ele não teve medo de denunciar a hipocrisia dos líderes religiosos e confrontou os interesses terrenos das pessoas que o buscavam interessadas apenas em milagres. No entanto, a partir do momento em que é preso, Jesus fala cada vez menos. Diante das falsas acusações do Sinédrio, Ele guardou silêncio e não se defendeu. Diante de Herodes e Pilatos, Jesus não abriu a boca. O silêncio de Jesus falou mais alto do que qualquer palavra que pudesse ter dito. Esse silêncio se transformou em juízo e condenação para seus atormentadores e prova de sua identidade como o Messias.

Jesus ficou na cruz por seis horas — das nove da manhã até às 15 horas. Metade desse tempo, Ele passou em silêncio e agonia. O peso do pecado se fazia sentir sobre seu corpo humano. Seus músculos e ossos carregavam o fardo da ira eterna de Deus. Jesus sofria em silêncio. Nas palavras de John Stott,

> Pouco a pouco a multidão, sua curiosidade saciada, foi-se raleando. Finalmente, caiu o silêncio e chegou a escuridão — trevas, talvez porque olho algum devia ver, e silêncio, porque língua alguma poderia contar a angústia de alma que o Salvador sem pecados agora sofria.[12]

Jesus foi o perfeito Cordeiro. Conforme havia predito o profeta Isaías: "Como ovelha muda perante os seus tosquiadores, ele não abriu a boca" (53:7). O apóstolo Pedro, em sua primeira carta, cita novamente essa profecia, realçando o fato de que Cristo manteve a atitude de cordeiro durante a crucificação:

---

[12] STOTT, J. *A cruz de Cristo*, p. 82.

Não cometeu pecado, nem dolo algum se achou em sua boca [...] carregando ele mesmo em seu corpo, sobre o madeiro, os nossos pecados, para que nós, mortos para os pecados, vivamos para a justiça; por suas chagas, fostes sarados (1Pedro 2:22; veja Isaías 53:5,6,9).

Nessa passagem, Pedro elucida uma das mais importantes doutrinas da graça: a expiação. Cristo não morreu como mártir. Não foi para a cruz porque Judas o traiu nem porque Pedro o negou. Não foi pregado no madeiro porque os sacerdotes o entregaram nem porque Pilatos o sentenciou à morte. Jesus morreu pelos nossos pecados. Nossos pecados estavam sobre Ele. Jesus os carregou sobre o madeiro. Ele carregou os nossos pecados da mesma forma que o bode expiatório carregava os pecados do povo sobre a cabeça, levando-os para muito longe (Levítico 16:21-22). Assim o Cordeiro de Deus tomou os nossos pecados sobre seu próprio corpo e, com isso, tira o pecado do mundo (João 1:29).[13]

O silêncio de Jesus na cruz nos enseja algumas lições.

Em primeiro lugar, *devemos passar pelo sofrimento sem murmurar*. O silêncio é uma forma de resignação diante da vontade de Deus: "Bom é aguardar a salvação do Senhor, e isso, em silêncio" (Lamentações 3:26).[14]

Pedro chama a atenção dos cristãos que sofrem injustamente neste mundo, exortando-os para que considerem o sofrimento de Cristo:

> Porquanto para isto mesmo fostes chamados, pois que também Cristo sofreu em vosso lugar, deixando-vos exemplo para seguirdes os seus passos, [...] pois ele, quando ultrajado, não revidava com ultraje; quando maltratado, não fazia ameaças, mas entregava-se àquele que julga retamente (1Pedro 2:21,23).

---

[13] HENRY, M. *Comentário bíblico Atos-Apocalipse*, p. 871.
[14] HARRISON, R. K. *Jeremias e Lamentações*, p. 178.

O apóstolo encoraja seus leitores, que sofrem injustamente, a olharem para Jesus. Ao olharmos para Jesus, obtemos alento para suportar com paciência os sofrimentos da carreira cristã (Hebreus 12:1-3). Seguimos Cristo não no grau de angústia e dor, mas na maneira com que Ele suportou o sofrimento.[15] O comentarista bíblico Matthew Henry salienta que os sofrimentos de Cristo nos devem aquietar diante dos sofrimentos mais injustos e cruéis que enfrentamos no mundo. Se Ele sofreu voluntariamente não por si mesmo, mas por nós, com a máxima prontidão, com perfeita paciência, de todos os lados, e tudo isso apesar de ser Deus-Homem, não deveríamos nós, que merecemos o pior, nos submeter às leves aflições desta vida, que produzem para nós vantagens indizíveis?[16]

Em sua carta, Pedro ainda recorre à profecia de Isaías 53, que trata do sofrimento e da morte expiatória de Jesus, e aplica essa verdade doutrinária à vida do povo. Jesus sofreu na cruz sem murmurar. Jesus tinha poder para fulminar seus inimigos com apenas um olhar. Poderia despejar sobre seus inimigos toda a injúria que lançavam sobre Ele, mas preferiu ir para a cruz como uma ovelha muda. A reação transcendental de Jesus serve de estímulo para o povo de Deus que está sob perseguição e ameaça no mundo. A grosseria, a crueldade e a injustiça dos inimigos não justificam que os cristãos reclamem ou injuriem seus adversários. As razões para o pecado nunca podem ser grandes demais, pois sempre teremos razões mais fortes para evitá-lo.[17]

Em segundo lugar, *devemos passar pelo sofrimento com perseverança e paciência*. O autor da carta aos Hebreus compara a jornada cristã a uma corrida. Estamos em uma jornada rumo à Jerusalém celestial. Não peregrinamos como nômades. Temos um destino certo, um porto seguro. A carreira da vida cristã não é uma escolha nossa. Ela foi proposta para nós pelo próprio Deus. Foi nosso Senhor quem nos inscreveu na corrida da vida de fé. É Ele quem nos receberá na

---

[15] KISTEMAKER, S. *Epístolas de Pedro e Judas*, p. 150.
[16] HENRY, Matthew. *Comentário bíblico Atos-Apocalipse*, p. 871.
[17] HENRY, M. *Comentário bíblico Atos-Apocalipse*, p. 871.

reta final, e é Ele quem nos acompanha a cada passo da corrida.[18] Nosso máximo modelo e o técnico de nossa corrida é o Senhor Jesus. Ele venceu a corrida. Desceu do céu, esvaziou-se, humilhou-se até a morte, e morte de cruz. Ele enfrentou a oposição dos pecadores, a vergonha e o sofrimento da cruz pela alegria de nos salvar.

Nossa jornada, como a de Cristo, não está livre de obstáculos. Há sofrimentos. Há dificuldades. Há injustiças. Esses empecilhos, contudo, não podem nos levar a desistir. Não podemos abandonar a corrida no meio do caminho. O único caminho seguro para um cristão é prosseguir e perseverar até o fim. O verdadeiro cristão vive e morre na fé. Precisamos seguir em frente com perseverança (Hebreus 12:1).

No grego, a palavra traduzida por *perseverança* é *hypomone* e traz a ideia de paciência triunfadora, que não apenas prossegue, a despeito das dificuldades, mas caminha celebrando um cântico de triunfo. Não importa quais sejam os obstáculos do caminho; não importa quantos opositores enfrentemos ao longo da estrada; não importa quão cansados estejamos da extenuante jornada, precisamos estar determinados a continuar, haja o que houver, venha o que vier!

Jesus, mesmo suportando imensa oposição dos pecadores, concluiu sua obra. Ele manteve seus olhos na "alegria que lhe estava proposta". Em sua perseverança, Jesus venceu os obstáculos, derrotou o Diabo, triunfou sobre a morte e está assentado à destra do trono de Deus. Da mesma forma, temos de olhar "firmemente para o Autor e Consumador da fé" (Hebreus 12:2). É em Jesus que nossos olhos precisam estar quando formos tentados a desistir. É para Ele que precisamos olhar quando estivermos fatigados, prestes a desmaiar.

## O GRITO DA CRUZ

Ao fim das três horas de escuridão, Marcos e Mateus dizem que Jesus clamou "em alta voz". William Hendriksen, especialista em Novo Testamento, vê nas trevas e no grito uma relação muito

---

[18] OLYOTT, S. *A carta aos Hebreus*, p. 115.

estreita: "Aquelas são um símbolo do conteúdo agonizante deste".[19] Nenhum corpo jamais sofreu como o de Cristo. Nenhuma alma jamais sofreu como a alma dele. O corpo de Jesus carregou toda a punição do inferno. Naquele momento, cumpria-se integralmente a profecia de Isaías sobre o Servo sofredor:

> Mas ele foi traspassado pelas nossas transgressões e moído pelas nossas iniquidades; o castigo que nos traz a paz estava sobre ele, e pelas suas pisaduras fomos sarados. Todos nós andávamos desgarrados como ovelhas; cada um se desviava pelo caminho, mas o SENHOR fez cair sobre ele a iniquidade de nós todos. [...] Todavia, ao SENHOR agradou moê-lo, fazendo-o enfermar; quando der ele a sua alma como oferta pelo pecado, verá a sua posteridade e prolongará os seus dias; e a vontade do SENHOR prosperará nas suas mãos (Isaías 53:5,6,10).

O Pai dissera no Jordão: "Tu és o meu Filho amado, em ti me comprazo" (Lucas 3:22). O Pai dissera no monte da transfiguração: "Este é o meu Filho amado, em quem me comprazo; a ele ouvi" (Mateus 17:5). Contudo, na cruz, o Pai desampara o Filho porque este se fizera maldito em nosso lugar. Jesus encontrava-se desamparado por aquele sobre quem Ele mesmo havia dito: "Eu e o Pai somos um" (João 10:30). Sua alma rasgava-se ao meio, como sua carne havia sido partida.

Paulo afirma: "Cristo nos resgatou da maldição da lei, fazendo-se ele próprio maldição em nosso lugar (porque está escrito: Maldito todo aquele que for pendurado em madeiro)" (Gálatas 3:13). O texto de Deuteronômio 21:23, citado por Paulo, diz respeito a criminosos executados. Algumas sociedades semíticas tinham o costume de expor o corpo de homens condenados à morte, prendendo-os a estacas de madeira, com o propósito de alertar outros possíveis criminosos do fim que os aguardava. A lei de Deuteronômio visava regular o

---

[19] HENDRIKSEN, W. *El Evangelio según San Marcos*, p. 665.

período de exposição. Em vez de permitir que o corpo apodrecesse na estaca, ela requeria que o cadáver fosse enterrado no mesmo dia, porque o corpo de um homem executado era um objeto amaldiçoado por Deus, e sua exposição profanaria a Terra. Em sua analogia, Paulo está dizendo que, assim como o corpo de um criminoso carregava a maldição de Deus, Jesus, como um criminoso condenado, foi publicamente exibido como alguém amaldiçoado por Deus.[20]

John Stott tem razão quando afirma que a maldição foi transferida de nós para Cristo. Jesus a colocou voluntariamente sobre si a fim de nos libertar dela. É essa transferência de maldição que explica o horrível grito de abandono e solidão que Jesus emitiu na cruz.[21]

Jesus passou por todo tipo de sofrimento que a vida humana pode proporcionar. A profecia de Isaías sobre o Servo Sofredor diz que o Messias seria "homem de dores e que sabe o que é padecer" (53:3). Jesus experimentou o abandono e a traição dos amigos, o ódio e a malícia dos inimigos. Teve fome e sono. Chorou diante de um amigo morto, ao qual ressuscitou, e chorou diante de uma cidade amada, que o rejeitou. Até aquele momento, Jesus havia passado por muitas experiências da vida humana, com exceção de uma: Ele não conhecia o pecado. A maior consequência do pecado é a morte, a separação de Deus. O ser humano se encontra morto em seus delitos e pecados (Efésios 2:1,5). O pecado ergue uma barreira entre nós e Deus, um muro intransponível.

William Barclay sugere que Jesus sofreu a separação de Deus na cruz não porque Ele tenha pecado, mas porque carregava sobre si o nosso pecado. Aqui temos um paradoxo divino: Jesus experimentava a separação causada pelo pecado, embora não tivesse cometido pecado algum. Diante de si, pela primeira vez em sua vida, levantou-se uma barreira que o separava do Pai.[22]

A sensação de desamparo que Cristo experimentou na cruz é, portanto, uma vívida descrição da separação punitiva que o Messias

---

[20] THOMPSON, J. A. *Deuteronômio*, p. 222-223.
[21] STOTT, J. *A mensagem de Gálatas*, p. 273.
[22] BARCLAY, W. *William Barclay's Daily Study Bible*. Mark 15:33-41.

suportou em nosso favor, fazendo-se Ele próprio maldição em nosso lugar. Concordo com Derek Kidner, estudioso britânico do Antigo Testamento, quando diz que não se trata de um lapso de fé nem de um relacionamento rompido; é, na verdade, um clamor de desorientação enquanto se retira a presença familiar e protetora de Deus.[23]

Assim, a dor de Jesus tinha pelo menos três causas: a crucificação em seu corpo, o castigo do pecado em sua alma e o abandono do Pai.

## A PALAVRA DE DESAMPARO

O grito de Jesus na cruz não foi um urro desarticulado, desprovido de conteúdo. O grito expressava sua angústia, que Ele dirige em forma de oração ao Pai: "Eloí, Eloí, lamá sabactâni?". Marcos traduz a frase aos seus leitores: "Que quer dizer: Deus meu, Deus meu, por que me desamparaste?".

A frase é uma citação de Salmos 22:1. William Hendirksen chama à atenção o fato de que, durante seu ministério terreno, Jesus extraiu força de passagens do Antigo Testamento. Vemos isso com especial clareza no episódio da tentação no deserto. Também agora, nas horas finais de sua vida, Jesus faz uso das passagens veterotestamentárias outra vez. Três das últimas quatro palavras da cruz estão relacionadas a trechos dos salmos:

- "Deus meu, Deus meu, por que me desamparaste?" (Mateus 27: 46; Marcos 15:34): Salmos 22:1.
- "Tenho sede" (João 19:28): Salmos 22:15; 69:21.
- "Pai, nas tuas mãos entrego o meu espírito" (Lucas 23:46): Salmos 31:5.[24]

Escrito por Davi, o salmo 22 transcende as experiências vividas pelo salmista para lançar luz sobre o sofrimento vicário de Jesus,

---

[23] KIDNER, D. *Salmos 1-72*, p. 124.
[24] HENDRIKSEN, W. *El Evangelio según San Marcos*, p. 665.

ao mesmo tempo que destaca a sua exaltação. O intenso tormento aqui descrito não corresponde à enfermidade de um indivíduo em seu leito nem às lutas de um soldado no campo de batalha, mas aos momentos finais de um criminoso que será executado.²⁵ Dessa forma, trata-se de um salmo profético, pois não há qualquer circunstância vivida por Davi que se enquadre na situação por ele aqui descrita. Por exemplo, Davi nunca passou pelo vexame que incluía a distribuição de suas vestes nem pela dor de ter as mãos e os pés traspassados. O salmista, como profeta, claramente aponta para Jesus, que morreria mais de mil anos depois, indicando que Ele é o Messias.

Além do verso 1, citado na cruz por Jesus, podemos ver outros versos deste salmo fielmente retratados no cenário da crucificação. O salmista diz que os circunstantes meneiam a cabeça e zombam dele, dizendo: "Confiou no SENHOR! Livre-o ele; salve-o, pois ele tem prazer" (v. 8). Essas palavras encontram um eco perfeito na descrição de Mateus: "Os que iam passando blasfemavam dele, meneando a cabeça e dizendo: [...] Confiou em Deus; pois venha livrá-lo agora, se, de fato, lhe quer bem; porque disse: Sou Filho de Deus" (27:39,43). O verso 15 do salmo fala de uma profunda sede, de modo que a "língua se apega ao céu da boca", o que se reflete na quinta palavra de Jesus na cruz: "Tenho sede" (João 19:28). O salmista faz ainda a descrição de suas vestes sendo repartidas pelos algozes (v. 18). Os quatro soldados que crucificaram Jesus tomaram suas vestes e as dividiram em quatro partes, uma parte para cada soldado. Já a túnica de Jesus era sem costura. Os soldados não a rasgaram nem a dividiram; antes, lançaram sortes para ver quem ficava com ela. A distribuição das roupas da vítima era um ato comum em cenas de execução, e esse registro, tanto no salmo como no Calvário, expressa a profundidade do sentimento de abandono que experimentou o Messias.²⁶ Ao descrever essa cena, João comenta que os soldados assim fizeram "para se cumprir a Escritura: Repartiram

---

²⁵ WIERSBE, W. W. *Comentário bíblico expositivo*. v. 3, p. 130.
²⁶ CARSON, D. A. *O comentário de João*, p. 614.

entre si as minhas vestes e sobre a minha túnica lançaram sortes. Assim, pois, o fizeram os soldados" (João 19:23-24).

O salmo 22 é citado no contexto da paixão de Cristo como nenhum outro texto é. Davi escreve esse texto como que ao pé da cruz, tendo em vista que descreve com cores vivas o sofrimento vicário do Filho de Deus. O próprio Jesus chamou atenção para a relevância deste salmo ao citar o primeiro versículo enquanto estava na cruz.

Vejamos a seguir algumas lições que esta quarta palavra de Cristo nos enseja.

## Deus meu, Deus meu

A citação que Jesus fez do salmo foi em aramaico, sua língua natal: "Eloí, Eloí". Seus espectadores não o compreenderam. Os que estavam ao redor da cruz achavam que Ele clamava por Elias. Segundo John Stott, esses circunstantes seriam de fala grega que, desconhecendo o hebraico e o aramaico, não entenderam que Jesus citava o salmo 22 e confundiram "Eloí", "Deus meu", com o nome do profeta do Antigo Testamento.[27] Os judeus sabiam que Elias estava ligado à pessoa do Messias. Ele seria o precursor do Messias (Mateus 17:10, veja Malaquias 4:5-6). De fato, Jesus disse que Elias havia vindo e preparado o caminho para o Messias (Mateus 17:12). Isso aconteceu na pessoa de João Batista, que precedeu, com seu ministério, o ministério de Jesus. William Hendriksen, porém, afirma que, além de crerem nisso, os judeus também acreditavam que Elias viveria junto ao Messias por um tempo, agindo como ajudante e libertador dos que se encontravam a ponto de perecer.[28] Talvez por isso, alguns, ao ouvirem o grito de Cristo, tenham dito "Vede, chama por Elias!" (Marcos 15:35).

Ainda que não compreendessem exatamente o que Jesus queria dizer, algumas pessoas perceberam seu grito como uma indicação da

---

[27] STOTT, J. *A cruz de Cristo*, p. 82.
[28] HENDRIKSEN, W. *El Evangelio según San Marcos*, p. 667.

angústia que Ele sofria. Então, um dos quatro soldados presentes se prontificou a dar a Jesus um pouco de vinho ácido (Mateus 27:48).[29] Os demais soldados, porém, tentam interromper a atitude deste, dizendo: "Deixa, vejamos se Elias vem salvá-lo" (v. 49). Concordo com William Hendriksen quando diz que esses versos descrevem a zombaria de pessoas de coração endurecido, as quais se fizeram de desentendidas, fingindo crer que Jesus clamava a Elias, e não a Deus, pedindo-lhe ajuda,[30] ou a crueldade de sujeitos frios e vis, como Herodes, ávidos por se entreterem com milagres e sinais.

É notável que, ao citar o salmo, Jesus não chama Deus de Pai, mas de "Deus meu". No entanto, a citação do salmo diz mais respeito ao sentimento de abandono do Messias do que a uma mudança na relação entre Pai e Filho na Trindade.

William Hendriksen levanta a questão: Como Deus pôde abandonar o próprio Deus? Como resposta, ele diz que Deus Pai rejeitou a natureza humana de seu Filho, porém em um sentido limitado, embora ainda muito real e agonizante. Deus Pai jamais deixou de amar seu Filho, nem o Filho, em algum momento, virou-se contra o Pai. Pelo contrário, Jesus seguiu clamando: "Deus meu, Deus meu". Por essa mesma razão, podemos estar certos de que o Pai o amava como sempre o amou.

Jesus tinha consciência da presença do Pai. Poucas horas antes, no cenáculo, o Senhor afirmou aos seus discípulos: "Eis que vem a hora e já é chegada, em que sereis dispersos, cada um para sua casa, e me deixareis só; contudo, não estou só, porque o Pai está comigo" (João 16:32). Mas agora, na cruz, quando o Filho ergue a voz ao Pai, este não lhe responde, mas deixa-o nas mãos de seus adversários. Seu Deus e Pai não o teria abandonado a seus inimigos se isso não tivesse sido necessário. Foi, portanto, preciso que Deus abandonasse a Deus a fim de que o Filho padecesse em toda a sua plenitude o castigo devido pelos pecados de seu povo.[31]

---

[29] TASKER, R. V. G. *Mateus*, p. 211.
[30] HENDRIKSEN, W. *El Evangelio según San Marcos*, p. 667.
[31] HENDRIKSEN, W. *El Evangelio según San Marcos*, p. 666.

## Por quê?

Após invocar o nome de Deus, Jesus eleva aos céus a pergunta que mais consome a vida e o coração dos seres humanos: "Por quê?". Tanto o brado de Jesus como seu questionamento revelam sua humanidade. Em diversos níveis, Jesus se identifica com a humanidade que veio salvar. Ele se tornou semelhante a nós em todas as coisas, exceto no pecado (Hebreus 2:17).

Enfrentamos situações na vida que nos deixam perplexos e cheios de interrogações. Muitas vezes, diante das nossas crises, dos nossos vales de dor, das nossas perdas e dos reveses que desabam sobre nós, erguemos os olhos aos céus e perguntamos: "Por quê?".

- Por que estou doente?
- Por que perdi o emprego?
- Por que minha empresa faliu?
- Por que perdi meus filhos?
- Por que os meus amigos se afastaram na hora da minha dor?
- Por que meu cônjuge saiu de casa?
- Por que há luto em meu lar?

A Bíblia é repleta de testemunhos de homens e mulheres que ergueram aos céus perguntas como essas. O mais emblemático deles é Jó. Em seu sofrimento, ele levantou aos céus dezesseis vezes a mesma pergunta: Por quê? Por que eu perdi os meus filhos? Por que a minha dor não cessa? Por que eu não morri no ventre de minha mãe? Por que eu não morri ao nascer? Por que os seios da minha mãe não estavam murchos, sem leite, para que eu morresse de fome? Por que o Senhor não me mata de uma vez?

Jó foi um homem que sofreu injustamente. Em sua angústia, ele não se calou. Ele desnudou sua alma, abriu as cavernas do seu coração e gritou, espremendo não apenas o pus de suas feridas, mas também os abcessos de sua alma. Ele não se cala como um estoico reprimido. Ele não aceita passivamente a decretação da derrota. Jó não joga a tolha nem entrega os pontos.

Diante desse bombardeio de Jó, os céus ficaram em silêncio. Deus não deu sequer uma resposta aos seus questionamentos. Nenhuma palavra foi dita em resposta ao seu interrogatório. Mesmo diante da avassaladora tempestade que se abateu impiedosamente sobre Jó, não houve nem mesmo uma explicação. Deus permaneceu em total silêncio. Os céus tornaram-se de bronze. A única voz que Jó ouvia era a dor que gritava em seus ouvidos, pulsava em sua alma e latejava em seu corpo.

Mais difícil do que sofrer é sofrer sem compreender por que sofremos. Mais difícil do que lidar com a dor é passar pelo vale do sofrimento sem saber por que estamos sendo provados. Oh, que providência carrancuda é o silêncio de Deus! Oh, dor das dores é quando os céus silenciam diante dos nossos queixumes! Oh, mistério insondável é quando nossas perguntas ficam sem resposta e quando nossa dor fica sem alívio! O silêncio de Deus grita mais alto em nossos ouvidos do que o barulho mais ruidoso das circunstâncias mais adversas.

Nem sempre Deus explica as razões pelas quais sofremos. Nem sempre temos uma clara percepção dos propósitos divinos. Nem sempre a voz de Deus vem ao nosso encontro para nos consolar. Nem sempre temos uma luz no fim do túnel para nos dar uma direção. Há dias em que Deus se cala. Há momentos em que os céus parecem estar fechados e as nuvens parecem ser de bronze. Além de sua dor atroz, Jó precisou lidar ainda com o silêncio de Deus.

Quando Deus rompeu o silêncio, não respondeu sequer a uma das perguntas de Jó. Ao contrário, fez-lhe setenta perguntas. Todas retóricas, ou seja, eram perguntas cuja resposta já vinha nelas embutida. Nessas perguntas, Deus fez uma exposição exaustiva de sua majestade e soberania.

Deus é livre e soberano. Ele faz todas as coisas conforme o conselho de sua vontade. Ninguém pode pressionar Deus nem o colocar contra a parede. Deus não age dentro do nosso tempo nem conforme a nossa vontade. Seus caminhos são mais altos do que os nossos. Seus pensamentos são mais elevados do que os nossos. Nada escapa ao controle divino. Ele está assentado na sala de comando do Universo, e nada foge de seu controle. Nem um fio de cabelo da nossa cabeça pode ser tocado sem que Ele o permita. Ninguém pode nos atingir sem que Ele tenha um propósito. Satanás não é livre para nos atacar sem que Deus lhe dê permissão e sem que Deus tenha um propósito sublime na prova. Nossas provações não vêm para nos destruir, mas para fortalecer as musculaturas da nossa alma. Mesmo quando a providência que nos cerca é desafiadora, Deus nos mostra sua face benevolente. Nosso Deus inspira canções de louvor nas noites escuras. Ele abre rios no ermo, faz brotar água da rocha e uma fonte de consolo de nossas feridas. É Deus quem nos consola em todas as nossas angústias para consolarmos outros que estiverem passando pelas mesmas aflições. Nosso sofrimento é sempre pedagógico. Tem sempre um fim proveitoso.

A cruz de Cristo não foi um acidente. Havia um propósito nela. O "por quê?" de Jesus tinha uma resposta. O Servo Sofredor profetizado por Isaías vê o fruto do penoso trabalho de sua alma e fica satisfeito (53:11). Após suportar a cruz, Jesus entra para a alegria que lhe estava proposta (Hebreus 12:2). O Cristo ressurreto louvou a Deus no meio de seu povo (Hebreus 2:12).

Quando passamos pelo vale da dor, precisamos olhar para a majestade de Deus, e não para a profundidade de nossas feridas. Se olharmos para nós, entraremos em pânico; se olharmos para Deus, sentiremos paz no vale. Se observarmos os ventos contrários e o rugido da tempestade, naufragaremos; mas se fixarmos os olhos em Cristo, caminharemos sobre as ondas revoltas.

## Me desamparaste?

Jesus já havia sido desamparado pelo povo, pelos líderes, pelos ladrões e agora estava sendo também desamparado pelo próprio Pai. Por que Deus desamparou Jesus, seu único Filho, naquele momento? Foi falta de amor? Descuido? Desinteresse? O que houve para que o Pai que dissera que aquele era o Filho amado em quem Ele tinha prazer, o Filho amado antes da criação do mundo, desamparasse Jesus?

Nessa palavra está a essência do evangelho, o coração do evangelho. Aqui está o núcleo da mensagem da salvação: a única maneira de Deus ser justo e, ao mesmo tempo, justificar pecadores indignos, é havendo outra pessoa que substitua os pecadores. O substituto deveria sofrer o golpe da lei, que diz que o salário do pecado é a morte, e satisfazer fazer todas as demandas da justiça de Deus.

Deus, sendo justo, não pode ignorar o pecado. Deus é tão puro de olhos que não pode contemplar o mal. É justo em todas as suas obras. Sendo justo, não inocenta o culpado. Sendo justo, julgará a todos com justiça. Ele é o juiz de vivos e de mortos. Teremos de comparecer um dia perante o seu tribunal. Todos nós daremos contas de nossa vida. No dia do juízo, os livros serão abertos e seremos julgados conforme o que estiver ali registrado.

Aqui na Terra podemos até corromper o juiz e subornar as testemunhas, mas quem subornará o justo juiz de vivos e de mortos? A Bíblia diz que a alma que pecar, essa morrerá (Ezequiel 18:20). Diz também que Deus não inocentará o culpado (Êxodo 34:7). No entanto, não seriam necessários milhares de pecados para alguém deixar de entrar no céu. Bastaria um, e não poderíamos entrar. Lúcifer foi expulso do céu por um só pecado. Se pecássemos apenas três vezes por dia, teríamos 90 pecados por mês e mais de mil pecados por ano. Se você cometesse apenas mil pecados por ano, quantos já teria acumulado hoje? O que aconteceria a um réu se um advogado de acusação e um promotor provassem, pelos autos do processo, que ele cometeu dezenas de milhares de transgressões da lei? Sua causa seria indefensável!

Nada imperfeito e contaminado pode entrar no céu (Apocalipse 21:27). No céu só entram pessoas perfeitas. As palavras de Cristo são: "Sede vós perfeitos como perfeito é o vosso Pai celeste" (Mateus 5:48). Porém, a Bíblia diz que somos imperfeitos. Todos pecaram e destituídos estão da glória de Deus (Romanos 3:23). Se obedecermos à lei inteira, mas tropeçarmos num único ponto, seremos culpados de toda a lei (Tiago 2:10).

Para que Deus não desamparasse nenhum de nós por toda a eternidade, Ele desamparou seu próprio Filho momentaneamente.

O Pai lançou sobre Jesus todos os nossos pecados naquele momento com todas as demandas que a lei exigia. Jesus foi feito pecado e maldição. O Pai o moeu naquela cruz. Se Cristo foi desamparado naquela hora, é porque nosso pecado e nossa iniquidade estavam sobre Ele. Se o Pai tivesse amparado o Filho, estaríamos eternamente desamparados. Ao moê-lo, Deus derramou todas as torrentes de seu julgamento sobre seu amado Filho para nos livrar da morte eterna. Jesus foi abandonado pelo Pai para que pudéssemos ser aceitos como filhos.

O que não podíamos fazer, Deus fez por nós em Cristo, nosso fiador, representante e substituto. Quando estava na cruz, Deus fez cair sobre Ele a iniquidade de todos nós (Isaías 53:6). Ele foi ferido pelos nossos pecados e traspassado pelas nossas transgressões. Deus o fez enfermar e, então, Ele se tornou pecado e maldição por nós. O castigo que nos traz a paz estava sobre Ele.

Nem mesmo o Pai pôde ampará-lo. Naquele momento não havia beleza nele. Naquele momento, o Pai escondeu o rosto dele, e a lei exigiu sua morte. O universo inteiro entrou em convulsão. O Sol escondeu o rosto, e houve trevas ao meio-dia. Jesus desceu aos suplícios do inferno. Sua agonia foi indescritível. Ele bebeu sozinho o cálice amargo da ira de Deus contra o pecado.

A morte de Cristo foi vicária, ou seja, substitutiva. Jesus não morreu como um mártir. Ele morreu em nosso lugar. Ele morreu não para possibilitar a salvação, mas para salvar efetivamente. Morreu por suas ovelhas. Deu sua vida por sua igreja. Cristo foi à cruz como nosso fiador e representante. Por sua morte, pagou a nossa dívida e satisfez plenamente a justiça de Deus, cumprindo cabalmente a lei que transgredimos. Por nossa união com Cristo, morremos com Ele para o pecado e ressuscitamos com Ele para uma nova vida.

A salvação não decorre da obediência do pecador, mas do sacrifício do divino Fiador. Nossa salvação foi planejada por Deus Pai, executada pelo Deus Filho e aplicada pelo Deus Espírito Santo. A salvação não é uma conquista das obras, mas uma oferta da graça. Não somos salvos por aquilo que fazemos para Deus, mas pelo que Cristo fez por nós. Ele, e só Ele, pode salvar totalmente!

Assim, a maior dor sofrida pelo Messias não foi o desamparo dos homens, mas o desamparo divino, e uma das formas como esse desamparo foi notório é que sua oração não foi respondida por amor a nós; ou seja, foi em nosso benefício que os céus ficaram em silêncio diante do clamor do Messias.

Porque se identificou conosco em nossa miséria, Jesus se tornou o sumo sacerdote que se compadece das nossas fraquezas, junto a quem podemos receber misericórdia e achar graça para socorro em ocasião oportuna (Hebreus 4:15-16). Ele tornou-se nosso Advogado junto ao Pai, ao qual confessamos os nossos pecados e somos purificados de toda injustiça (1João 1:9; 2:1).

## TÃO GRANDE SALVAÇÃO

A carta aos Hebreus pergunta: "Como escaparemos se desconsiderarmos tão grande salvação?" (2:3). Por que essa salvação é grande? Jesus respondeu a essa pergunta em João 3:16: "Porque Deus amou ao mundo de tal maneira que deu o seu Filho unigênito, para que todo o que nele crê não pereça, mas tenha a vida eterna". Cinco fatos devem ser aqui destacados.

Em primeiro lugar, *a salvação é grande por causa de sua procedência*. O amor de Deus por você é eterno e incondicional. O Criador dos céus e a da Terra colocou o coração dele em você desde toda a eternidade. O amor de Deus por você é eterno, incondicional e perseverante. O amor de Deus é espontâneo e autogerado. Não merecemos esse amor. Ele nos amou quando éramos inimigos. Ele nos amou apesar de sermos pecadores. Deus não sente nojo de nós. Ele nos deseja assim como um noivo se alegra com sua noiva. Ele nos ama com amor eterno e nos atrai para si com cordas de amor. Seu amor é incondicional. Não há nada que você possa fazer para Deus amá-lo mais, nem há nada que você possa fazer para Deus amá-lo menos. O amor de Deus não pode ser traduzido em palavras. Ele amou de forma sacrificial. Ele amou e deu seu Filho. Ele amou e entregou tudo.

Em segundo lugar, *a salvação é grande por causa de sua intensidade.* O amor de Deus revela o preço que Deus pagou por nossa redenção. Não foi mediante coisas corruptíveis como prata ou ouro que Deus nos remiu. Ele nos comprou mediante o preço de sangue, o sangue do seu Filho. Deus não levou em conta a nossa dívida. Ele a transferiu para a conta de Jesus, que foi levado à cruz pelos nossos pecados e ali quitou nosso débito. Deus, então, transferiu a justiça de Cristo para nossa conta e nos declarou justos.

O Pai deu aquele que era um com Ele mesmo. Deus nos deu tudo; deu-nos seu Filho, deu-nos a si mesmo. O que mais poderia dar? Deus nos amou a tal ponto de não poupar o próprio Filho (Romanos 8:32). Ele entregou seu Filho para ser ferido, traspassado, esbordoado, cuspido e pregado numa cruz para que nós fôssemos perdoados.

Em terceiro lugar, *a salvação é grande por causa de sua dádiva.* A cruz não é a causa do amor de Deus, mas seu resultado. Deus não nos amou porque Cristo morreu por nós; Cristo morreu por nós porque Deus nos amou. O amor de Deus é a causa; a cruz é a consequência. Não foi a cruz que deu à luz o amor de Deus; foi o amor de Deus que trouxe ao mundo a cruz.

A cruz estava incrustada no coração do Pai desde a eternidade. O Cordeiro foi morto desde a fundação do mundo (Apocalipse 13:8). Jesus sempre foi o dom de Deus. Sua promessa foi dada na Queda da humanidade. Através dos tempos, o Pai se manteve fiel à sua promessa. Ele olhava para seu Unigênito e via a cruz. Todos os sacrifícios realizados pelos sacerdotes prenunciavam que, na plenitude dos tempos, o Senhor certamente entregaria seu Filho para morrer em nosso lugar. Até quando Deus dá o seu Filho? A dádiva de Jesus foi um ato permanente de Deus. Ele nunca retrocedeu, mesmo vendo as agruras e o sofrimento do seu Filho. Mesmo vendo-o traspassado, escarnecido, ferido, o Senhor não poupou nem o próprio Filho, pelo contrário, o entregou (Romanos 8:32).

Esse é o amor que as muitas águas não podem apagar: amor eterno, amor infinito. Assim como esse dom não se refere só à morte de Cristo, e sim a todas as eras que a precederam, também inclui todas as eras posteriores. Deus deu e continua entregando seu Filho. O Senhor está oferecendo Jesus neste momento. A fonte eterna está aberta e jorra hoje como quando foi aberta. Esse dom é inexaurível e inesgotável.

Em quarto lugar, *a salvação é grande por causa da oportunidade que oferece*. A salvação não é resultado das obras que fazemos para Deus, mas da fé que depositamos em Cristo. A aliança da graça difere tanto da aliança das obras como as trevas diferem da luz. A Bíblia não diz que Deus deu o seu Filho a todos os que guardam a lei; a todos os que forem eticamente sadios; a todos os religiosos; a todos os que praticam boas obras; a todos os sinceros; a todos os que amam a si mesmos e aos outros. O grande Deus deu seu Filho unigênito a todo aquele que nele crê. Essa expressão é tanto um convite indiscriminado dirigido a todos os que creem como também uma exclusão absoluta de todos os que não creem.

Em quinto lugar, *a salvação é grande por causa de sua oferta*. Porque Deus amou tanto o mundo, deu o seu Filho unigênito, para que todo aquele que nele crê não pereça, mas tenha a vida eterna. Deus tem para você a vida eterna. Não é vida passageira; é vida eterna. É a mesma vida de Deus. É vida abundante, superlativa, maiúscula, eterna. É comunhão com Ele. É fruição bendita. É uma festa que nunca pode acabar, no melhor lugar, com a melhor companhia, com as melhores roupas, com as melhores iguarias, com as melhores músicas.

Essa vida eterna estará com você na infância, na adolescência, na juventude, na velhice, na eternidade. Estará com você se você viver até os 70 anos; e ainda estará com você se ultrapassar o centenário. É vida que continuará a florescer quando estiver a um passo da sepultura, que permanecerá depois de seu espírito deixar seu corpo, que continuará quando seu corpo for ressuscitado e você comparecer diante do trono de Deus.

Essa vida brilhará mais do que as estrelas. Enquanto houver o Deus eterno, os salvos viverão. Enquanto houver o céu, os salvos se deleitarão nele. Enquanto Jesus, o Verbo eterno, existir, os salvos viverão e se deleitarão no seu amor. Enquanto houver eternidade, os salvos continuarão a enchê-la com regozijo.

QUINTA PALAVRA

# SOFRIMENTO

"Tenho sede."

JOÃO 19:28

A crucificação era a mais horrenda forma de pena capital. Depois de torturado, o condenado era pregado na cruz, exposto ao calor do dia e ao frio da noite. O sangue esvaía, as câimbras torturavam, a asfixia sufocava, e a sede era esmagadora. Sobre este último ponto foi a quinta palavra de Cristo na cruz: "Tenho sede" (João 19:28). Essa declaração retrata tanto a perfeita humanidade como a profundidade do sofrimento de Cristo na cruz. Ele possuía um corpo humano real e suportava um sofrimento físico real. Jesus acabara de emergir de uma escuridão de três horas, na qual sentiu a ira de Deus e experimentou a separação do Pai. Assim, a sede de Jesus tem razões físicas e espirituais.[1]

Durante todo o episódio da prisão e morte de Jesus, nem uma única palavra de murmuração passou por seus lábios. Não houve queixa alguma, nenhum rogo por misericórdia. Todos os seus sofrimentos foram suportados em augusto silêncio. Como uma ovelha muda perante os seus tosquiadores, Ele não abriu a sua boca (Isaías 53:7). Mas agora, com o corpo arruinado e dorido, e com a boca ressecada, Ele clama: "Estou com sede". Não foi um apelo por compaixão, nem um pedido pela mitigação de seus sofrimentos. Aqui, Ele expressou a intensidade das agonias pelas quais estava passando.[2] Aquele que criou os mares, os rios e as fontes estava naquela cruz com sede, indicando todo o seu sofrimento físico por amor a nós.

---

[1] WIERSBE, W. W. *The Wiersbe Bible Commentary*, p. 306.
[2] PINK, A. W. *Os sete brados do Salvador sobre a cruz*, p. 33-34.

## A PALAVRA DE SOFRIMENTO

As sete palavras da cruz foram proferidas num espaço de seis horas. Nas três primeiras horas, Jesus falou as primeiras três palavras. Então, fez-se escuridão sobre a Terra durante três horas. Quando o céu voltou a iluminar-se, Jesus pronunciou em rápida sucessão as quatro palavras finais.

Depois de bradar "Deus meu, Deus meu, por que me desamparaste?", Jesus anuncia que tem sede. Imediatamente, um dos quatro soldados que guardavam as três cruzes do Calvário pegou uma esponja, encharcou-a com o vinho barato que os soldados bebiam, e fixou-a na ponta de um caniço, aproximando-a dos lábios de Jesus.[3] Esse vinho não deve ser confundido com o vinho misturado com mirra que lhe ofereceram no caminho para a cruz (Marcos 15:23). Aquele era um sedativo trazido por pessoas compassivas a fim de entorpecer os sentidos dos condenados e proporcionar-lhes algum alívio em sua agonia. Jesus recusou o vinho com mirra. Ele estava decidido a morrer com a mente desanuviada. Em lugar disso, Ele havia resolvido beber o cálice de sofrimento que o Pai lhe designara. O vinho oferecido a Jesus na cruz provavelmente era vinho azedo, por isso era chamado de "vinagre". Tratava-se de uma qualidade barata e amarga de vinho, trazida para que os soldados pudessem beber de vez em quando enquanto estavam em guarda.[4]

O evangelista Marcos relata que a esponja embebida foi oferecida na ponta de um caniço ou vara. As cruzes romanas não eram muito altas; e os soldados precisariam levantar a esponja só um pouco acima de suas cabeças para alcançar o crucificado. João, porém, afirma que a esponja foi oferecida em um galho de hissopo. O hissopo era um arbusto de raminhos capazes de absorver boa quantidade de líquidos. Os ramos dessa planta eram usados

---

[3] HENDRIKSEN, W. *El Evangelio según San Marcos*, p. 667.
[4] BRUCE, F. F. *João*, p. 318.

em rituais religiosos no Antigo Oriente.⁵ Na narrativa do êxodo, os israelitas sacrificaram um cordeiro, recolheram o sangue dele em um vaso de barro e aí mergulharam ramos de hissopo para aspergir as ombreiras e a verga da porta (Êxodo 12:22). A menção do hissopo na narrativa de João certamente faz referência a essa cerimônia da Páscoa no Egito, e também a rituais de purificação, nos quais o penitente era aspergido pelo sacerdote, que se utilizava de um ramo de hissopo.

João destaca que a quinta palavra de Jesus foi dita "para se cumprir a Escritura" (19:28). Em relação a isso, podemos destacar duas coisas.

Em primeiro lugar, *a profunda reverência de Jesus pelas Escrituras*. Ele estava pendurado naquela cruz já havia seis horas. Havia passado por sofrimento sem paralelo; contudo, sua mente estava clara, e sua memória, intacta. Ele revisava o escopo todo da predição messiânica. As Escrituras precisavam se cumprir. Ele viu que "tudo já estava consumado" (João 19:28). Ele tinha consciência de que todos os passos que o haviam trazido até esse ponto de dor e de morte iminente estavam no desígnio de seu Pai celestial.

Ao longo de seu Evangelho, João mostra como Jesus andou rigorosamente debaixo da agenda do céu. Cumpriu cabalmente a agenda traçada pelo Pai, atentando-se à hora estabelecida por Deus. A *hora* nada mais é que o tempo apontado para a morte, ressurreição e exaltação de Jesus — em suma, sua glorificação:

- Jesus disse para a sua mãe em Caná: "A minha hora ainda não chegou" (2:4).
- Os guardas não puderam prendê-lo, pois a sua hora ainda não havia chegado (7:30).
- Ele confrontou os líderes no templo, mas ninguém o prendeu "porque a sua hora ainda não havia chegado" (8:20).

---

⁵ CHAMPLIN, R. N. *O Antigo Testamento interpretado*, p. 419, 814.

- Quando Jesus entrou triunfalmente em Jerusalém, anunciou: "Chegou a hora de ser glorificado o Filho do homem" (12:23).
- Na festa da Páscoa, Jesus se reuniu com seus discípulos para lhes dar instruções finais, pois sabia "que havia chegado a sua hora de passar deste mundo para o Pai" (13:1).
- Tendo terminado seus ensinos no cenáculo, antes de ir para o Getsêmani, Jesus orou: "Pai, chegou a hora. Glorifica teu Filho, para que também o Filho te glorifique" (17:1).

Jesus veio ao mundo para cumprir a vontade do Pai e a agenda divina. Nesse sentido, Ele demonstrou absoluta submissão ao Pai. Não há divergência nem conflito entre a vontade do Pai e a vontade do Filho. Mesmo na hora mais angustiosa de sua humilhação, Jesus sabia quem era, de onde viera, o que faria e para onde retornaria. Não era uma vítima indefesa. Não era um mártir. Era o Redentor, cumprindo plenamente o projeto do Pai. Jesus suportou o castigo atroz e a sede severa não porque estava desprovido de poder para satisfazer sua necessidade. Ele suportou toda essa agonia para cumprir cabalmente a vontade do Pai, dando sua vida em nosso resgate.[6]

Em segundo lugar, *o profundo entendimento de Jesus sobre as Escrituras*. O comentarista bíblico F. F. Bruce comenta que, no transcurso da narrativa da prisão e morte de Jesus, diversas coisas aconteceram para que cumprissem as Escrituras. Todavia, as pessoas que fizeram essas coisas não tinham a mínima ideia de que estavam cumprindo profecias; a Providência as cumpriu por ser soberana diante das ações deles. Quando é Jesus quem age, a situação é diferente.

Jesus realmente estava com sede e desejou algo para beber. Concordo com o teólogo canadense Donald Carson quando diz que um homem açoitado, sangrando e pendurado em uma cruz sob o sol do Oriente Próximo estaria tão desidratado que a sede seria

---

[6] PINK, A. W. *Os sete brados do Salvador sobre a cruz*, p. 61.

parte da tortura.[7] Contudo, tão profunda é a compreensão que o Senhor tem das Escrituras que quando exclama "Tenho sede", Ele entende a relevância dos textos davídicos sobre si mesmo. Ao pronunciar a quinta palavra da cruz, Jesus sabia que estava cumprindo uma profecia.

Não fica claro qual é a profecia à qual João faz referência. A passagem do Antigo Testamento que se cumpre na vida de Jesus naquele momento pode ser Salmos 22:15 ("a minha língua se me apega ao céu da boca") ou 69:21 ("na minha sede me deram a beber vinagre"). De qualquer forma, João quer fazer seus leitores entenderem que toda a paixão de Jesus não só estava nos planos de redenção do Pai como era consequência da obediência inequívoca do Filho.

## O SIMBOLISMO DA ÁGUA NO EVANGELHO DE JOÃO

Os Evangelhos de Mateus, Marcos e João registram o momento em que o caniço contendo a esponja embebida com vinho chega aos lábios de Jesus, mas apenas João anota as palavras exatas de Jesus que antecedem essa cena: "Tenho sede".

O tema da sede e da água são constantes no quarto Evangelho. O primeiro milagre feito por Jesus envolveu água, que foi transformada em vinho (2:1-11). Ele revelou-se como Messias a uma samaritana, após lhe pedir "Dá-me de beber" e de lhe oferecer: "Se conheceras o dom de Deus e quem é o que te pede: dá-me de beber, tu lhe pedirias, e ele te daria água viva" (4:7-26). Ele curou um paralítico junto a um tanque em Betesda (5:2-9) e mandou um cego lavar os olhos no tanque de Siloé (9:1-7). Ele caminhou sobre as águas do mar da Galileia (6:16-21). Em Jerusalém, na festa dos Tabernáculos, durante a qual o sacerdote derramava a água sobre o altar, profetizando a vinda do Messias, Jesus levantou-se e anunciou: "Se alguém tem sede, venha a mim e beba" (7:37).

---

[7] CARSON, D. A. *O comentário de João*, p. 620.

*O legado da cruz*

No cenáculo, depois da ceia, Jesus deitou água numa bacia e lavou os pés dos discípulos (13:4-11). Na cruz, Ele clama "Tenho sede!", e após sua morte, um dos soldados lhe abriu o lado com uma lança, e dali saiu sangue e água (19:34).

Qualquer viajante em terras inóspitas como as da Palestina aprende rapidamente o quanto a água é indispensável. Mas quando João fala de água em seu Evangelho, ela tem um sentido espiritual.

- A água, em Caná da Galileia, foi transformada em vinho. Ela representa toda a antiga ordem do cerimonial judaico que Cristo haveria de substituir por algo melhor, simbolizado pelo vinho.[8]
- A água do poço de Jacó, em Samaria, foi substituída pela fonte de água viva. A água estanque do poço simbolizava a religião legalista de samaritanos e judeus conjuntamente, que seria substituída por padrões mais elevados de adoração a Deus.[9]
- A água do tanque de Betesda, em Jerusalém, não foi capaz de curar o paralítico. Ela ilustra os ritos da religião judaica, ou mesmo a lei dada por Deus, incapazes de trazer salvação.[10]
- Do tanque de Siloé, em Jerusalém, era tirada a água usada nas cerimônias da festa dos Tabernáculos. O nome Siloé significa "enviado", e o ritual de libação da água na festa dos Tabernáculos indicava a esperança judaica de que um Messias viria da parte de Deus para salvar o povo. O tanque de Siloé faz referência ao supremo enviado, Jesus, o Messias.[11]

Por meio de referências como essas, o Evangelho de João evidencia que Cristo veio ao mundo para cumprir e encerrar a ordem antiga, substituindo-a por um culto novo, oferecido em espírito

---

[8] BRUCE, F. F. *João*, p. 71.
[9] BRUCE, F. F. *João*, p. 100.
[10] BRUCE, F. F. *João*, p. 115.
[11] CARSON, D. A. *O comentário de João*, p. 366.

e em verdade, que excede o antigo culto da mesma forma que o vinho é melhor do que a água.[12]

A água da vida que Jesus oferece não provém de um poço comum. É uma dádiva que só o Messias pode conceder. Jesus oferece por diversas vezes a água como um presente de Deus, melhor do que a água que a fonte mais pura da terra possa dar.

Muitas pessoas vivem uma vida infeliz, vazia e prisioneira porque não conhecem Jesus, o supremo dom de Deus. As coisas deste mundo não satisfazem. Nada que o ser humano jogue para dentro do seu coração irá preenchê-lo. Deus nos fez de maneira a nunca estarmos satisfeitos sem Ele. Nas palavras do escritor vitoriano George Hogarth Carnaby Macgregor:

> Cristo satisfaz uma pessoa não exterminando sua sede, o que poderia o crescimento da sua alma, mas concedendo-lhe, com o dom do seu Espírito, uma fonte interior de satisfação que supre de modo perene e espontâneo cada necessidade reincidente de refrigério.[13]

A água que Jesus concede é um manancial completo e perpétuo que jorra para a vida eterna. Que água é essa? A água da vida? A promessa de Deus é derramar água sobre o sedento (Isaías 44:3). Deus convida a todos: "Vós, todos os que tendes sede, vinde às águas" (Isaías 55:1). Ele prometeu que seu povo tiraria com alegria águas do poço da salvação (Isaías 12:3).

A água viva prometida por Jesus era o dom do Espírito. Jesus disse: "Se alguém tem sede, venha a mim e beba" (João 7:37). O Espírito que flui como rio dentro de nós é essa fonte que jorra para a vida eterna (v. 38). João Batista disse que ele batizava com água (João 1:26), mas após ele viria outro que batizaria com o Espírito Santo (v. 34). João batizava com água, o símbolo; Jesus batiza com o Espírito Santo, o simbolizado. O batismo de João era

---

[12] BRUCE, F. F. *João*, p. 72.
[13] Citado em BRUCE, F. F. *João*, p. 100.

um batismo preparatório. Existe uma grande diferença entre o que ele fazia e o que o Messias faria. Tudo o que João pôde fazer foi administrar o sinal (água). Somente o Messias poderia conceder aquilo que a água simboliza, a saber, o poder purificador do Espírito Santo.[14] Concordo com o pastor e professor norte-americano Charles Erdman quando diz: "Ele, João, podia batizar com água, podia celebrar um rito meramente externo, mas àqueles verdadeiramente arrependidos, Jesus podia conceder uma renovação interior, real, sobrenatural e espiritual".[15]

O ministro e escritor californiano John MacArthur diz que água e Espírito eram os termos mais precisos e conhecidos do Antigo Testamento para falar sobre a transformação interior. No dia da salvação, o povo de Deus tiraria águas das fontes da salvação com alegria (Isaías 12:3); eles não sentiriam fome nem sede (Isaías 49:10). O derramar do Espírito de Deus seria como o derramar de água sobre o sedento e torrentes sobre a terra seca (Isaías 44:3). A linguagem da satisfação e transformação interior traz à mente uma série de profecias, antecipando o novo coração e a troca do falido formalismo religioso por um coração que conhece e experimenta Deus, ansioso por fazer a vontade dele.[16]

Sem a purificação da alma, operada pelo Espírito Santo mediante a Palavra de Deus, ninguém pode entrar no Reino de Deus.[17] Jesus declara a Nicodemos: "Em verdade, em verdade te digo: quem não nascer da água e do Espírito não pode entrar no reino de Deus" (João 3:5). Segundo Donald Carson, a passagem mais esclarecedora para explicar João 3:5 é Ezequiel 36:25-27:

> Então, aspergirei água pura sobre vós, e ficareis purificados; de todas as vossas imundícias e de todos os vossos ídolos vos purificarei. Dar-vos-ei coração novo e porei dentro de vós espírito novo;

---

[14] HENDRIKSEN, W. *João*, p. 134.
[15] ERDMAN, C. *O Evangelho de João*, p. 25.
[16] CARSON, D. A. *O comentário de João*, p. 221.
[17] MACARTHUR, J. *The MacArthur New Testament Commentary*, p. 105.

tirarei de vós o coração de pedra e vos darei coração de carne. Porei dentro de vós o meu Espírito e farei que andeis nos meus estatutos, guardeis os meus juízos e os observeis.

Nessa profecia, água e Espírito aparecem ligados muito estreitamente. A água significa a purificação da impureza, e o Espírito retrata a transformação do coração, que capacita as pessoas a seguirem Deus integralmente.[18] Assim, nascer do Espírito é nascer de cima, do alto, de Deus. É ser transformado pelo Espírito Santo. É ser nova criatura. O novo nascimento não é algo superficial. Não é uma mera reforma moral. É uma mudança completa do coração, do caráter e da vontade. É uma ressurreição, uma nova criação. É passar da morte para a vida. É uma mudança tão radical que você passa a ter uma nova natureza, novos hábitos, novos gostos, novos desejos, novos apetites, novos julgamentos, novas opiniões, nova esperança, novos temores. Nascer da água, portanto, é arrepender-se do pecado e ser purificado. Ninguém pode ser salvo a menos que seja interiormente purificado, assim como a água nos lava externamente.

O Pentecoste, registrado em Atos 2, foi o cumprimento claro e inconfundível de todas essas promessas. Jesus cumpriu sua palavra, derramando sobre seus discípulos, homens e mulheres, jovens e velhos, seu Espírito. Ele não o deu em gotas, nem em filetes, nem em porções, mas em torrentes copiosas. A todos os sedentos, a todos os que anseiam com avidez, como a corça brama pelas correntes das águas, o Pentecoste, o derramamento do Espírito, é uma promessa possível. Dessa forma, a fonte da água viva pode ser encontrada na vida pessoal de homens e mulheres regenerados pelo Espírito Santo. Todos podem, com alegria, tirar água dos poços da salvação e saber que, ao tomar esse gole salvador, estão sentindo o gosto do verdadeiro dom celestial, a vida da era vindoura. O Espírito de Deus, concedido pelo Senhor ao seu povo, vive neles como fonte perene de refrigério e de vida.[19]

---

[18] CARSON, D. A. *O comentário de João*, p. 196.
[19] BRUCE, F. F. *João*, p. 100.

## A PERFURAÇÃO DO LADO DE JESUS

Em breve começaria o sábado. Segundo o calendário judaico, os dias se iniciam ao pôr do sol. Já eram 15 horas, e era necessário enterrar os crucificados antes que a sexta-feira terminasse. Segundo Donald Carson, a prática romana era deixar na cruz os homens e as mulheres crucificados até que morressem, o que poderia levar dias. Depois, deixavam os corpos na cruz para serem devorados por abutres. Se houvesse alguma razão para apressar a morte dos condenados, os soldados esmagavam as pernas das vítimas com uma marreta de ferro. Além do choque e da adicional perda de sangue, esse passo impedia as vítimas de sustentarem o peso corpo sobre as pernas. A força nos braços era, portanto, insuficiente, e a consequência era a asfixia.[20] A lei mosaica, por outro lado, determinava que o crucificado deveria ser enterrado no mesmo dia. A exposição de alguém amaldiçoado por Deus acabaria por amaldiçoar a Terra (Deuteronômio 21:22-23). João registra: "Então, os judeus, para que no sábado não ficassem os corpos na cruz, visto como era a preparação, pois era grande o dia daquele sábado, rogaram a Pilatos que se lhes quebrassem as pernas, e fossem tirados" (19:31).

Aqueles que foram crucificados à direita e à esquerda de Jesus ainda estavam vivos e tiveram suas pernas quebradas. Mas quando o soldado foi quebrar as pernas de Jesus, constatou que Ele já estava morto. Sua morte foi anormalmente rápida. A morte de cruz era crudelíssima e também lenta. Muitos criminosos ficavam vários dias suspensos no madeiro. Quando José de Arimateia foi a Pilatos pedir o corpo de Jesus para sepultá-lo, o próprio governador admirou-se de que Jesus, em apenas seis horas, já tivesse morrido (Marcos 15:44). Estando morto, as pernas de Jesus não lhe foram quebradas. Isso aconteceu para que se cumprissem as profecias. Seus ossos não foram quebrados, assim como os ossos do cordeiro pascoal também não eram (Êxodo 12:46; Números 9:12). Da mesma forma, Jesus foi traspassado, como predito pelo profeta Zacarias (12:10).

---

[20] CARSON, D. A. *O comentário de João*, p. 623-624.

O salmo 34 também faz menção a ossos que não são quebrados, salientando o cuidado de Deus para com os justos: "Muitas são as aflições do justo, mas o SENHOR de todas o livra. Preserva-lhe todos os ossos, nem um deles sequer será quebrado" (v. 19-20). Se João também tem esse salmo em mente quando fala que as profecias se cumpriram, ele está nos dizendo que o fato de Jesus ter sido poupado da morte lenta e dolorosa por asfixia é uma demonstração do cuidado providencial do Pai pelo seu servo justo e sofredor.[21] Dessa forma, a oração anterior de Jesus — "Deus meu, Deus meu, por que me desamparaste?" — obteve sua resposta.

Para certificar-se de que Jesus estava mesmo morto, um soldado traspassou o corpo com a lança, e dali saiu sangue e água (João 19:34). A explicação fisiológica para esse fenômeno é que a morte de Jesus teria resultado da ruptura do coração, causada por grande dor e agonia mental. Uma morte assim seria quase instantânea, e o sangue, ao fluir para o pericárdio, se separaria em coágulos vermelhos (sangue) e soro límpido (água). Esse sangue e água então teriam sido liberados pela abertura feita pela lança.[22] Cabe notar que, desde o Getsêmani, Jesus encontrava-se em profunda angústia. Sua agonia o fez suar gotas de sangue. A ciência médica denomina esse fenômeno de "diapedese", cuja causa seria uma violenta comoção mental. Esse estado de agonia e comoção acompanhou Jesus do Getsêmani ao Calvário, e, fisicamente falando, isso teria causado sua morte.

O sangue e a água que jorraram do lado de Jesus têm ao menos dois significados.

Em primeiro lugar, *uma simbologia*. Alguns veem esses dois elementos — água e sangue — como símbolos de realidades espirituais. Conforme explica o teólogo norte-americano Warren Wiersbe, o sangue se refere à justificação, e a água, à purificação. O sangue trata da culpa do pecado; a água trata da mácula do pecado.[23]

---

[21] CARSON, D A. *O comentário de João*, p. 628-629.
[22] HENDRIKSEN, W. *João*, p. 865.
[23] WIERSBE, W. W. *Comentário bíblico expositivo*. v. 5, p. 498.

Concordo com Donald Carson de que é sugestiva a interpretação de que a água e o sangue saindo do lado de Jesus sejam símbolos da vida e da purificação que fluem com a morte do Cordeiro. O sangue de Jesus Cristo, isto é, sua morte sacrificial e redentora, é a base da vida eterna do crente, e ele nos purifica de todo pecado. A água, por sua vez, é símbolo da purificação, da vida e do Espírito Santo. Todas essas bênçãos incomparáveis são condicionadas pela morte do Cordeiro de Deus.[24]

Em segundo lugar, *uma constatação*. Não há dúvida de que, com a descrição dessa cena, João está enfatizando a morte de Jesus: sua morte como ser humano. Ao afirmar que saíram água e sangue do lado de Cristo, o evangelista afirma que Jesus possuía um corpo real. Em muitas concepções da época, tanto no pensamento judaico como helenístico, o corpo humano consistia em sangue e água.[25] Aqui se tem a comprovação inequívoca da afirmação feita no começo do Evangelho: "E o Verbo se fez carne e habitou entre nós" (João 1:14).

Nos dias em que João escreveu esse Evangelho, ao final do século 1, florescia o gnosticismo, uma perigosa heresia que atacou o cristianismo. Essa heresia era influenciada pelo dualismo de Platão, que considerava o espírito bom e a matéria má. Dessa forma, a morte era vista como a libertação da alma (o aspecto bom da humanidade) da prisão do corpo (o aspecto mau). O ponto nevrálgico da heresia gnóstica é que, ao pensar que a matéria em si era essencialmente má, Deus, sendo santo, não poderia ter criado o universo. Os anjos, diziam os gnósticos, foram os criadores da matéria. Um Deus puro não tinha comunicação direta com o ser humano pecador, mas se comunicava indiretamente com ele por meio de uma cadeia de anjos intermediários, que formavam quase uma escada da terra ao céu.

Os gnósticos diziam ser impossível que aquele que é essencialmente santo tivesse comunhão com aquele que é essencialmente

---

[24] CARSON, D. A. *O comentário de João*, p. 625-626.
[25] CARSON, D. A. *O comentário de João*, p. 625.

mau. Há um abismo infinito entre os dois, e um não pode ter intimidade nem contato com o outro. A heresia então teve de inventar meios pelos quais esse abismo fosse suplantado, e o Deus essencialmente santo pudesse entrar em comunhão com o estado essencialmente mau do ser humano. O que poderia ser feito? A heresia dizia que do Deus essencialmente santo emanou um ser um pouco menos santo, e que deste segundo ser santo emanou um terceiro ainda menos santo, e deste terceiro, um quarto, e assim por diante, com um enfraquecimento cada vez maior, até que apareceu um (Jesus) que estava tão despojado de divindade e era tão semelhante ao ser humano que pôde entrar em contato com este.[26]

O gnosticismo não pretendia de forma alguma romper com Cristo. Ele tentava unir a filosofia pagã com a fé cristã para oferecer uma santidade superior a partir de um conhecimento superior. Porém, ao afirmarem que Deus não poderia se encarnar, os gnósticos destruíam a pessoa de Jesus. Eles tinham mais dificuldades de aceitar a humanidade de Cristo do que sua divindade. Aos gregos, era um obstáculo intransponível entender como Deus, sendo santo, assumiria um corpo material, já que a matéria era má. A fim de preservar a impecabilidade divina, os filósofos inventaram vários mitos para explicar como Cristo apareceu em forma humana sem ter um corpo material. O mais comum foi o docetismo, afirmando que o corpo de Cristo era apenas aparente, mas não real e tangível. Para eles, Jesus não era realmente uma pessoa, Ele somente pareceu ter forma humana. Pelos mesmos motivos, eles diziam que Cristo, na verdade, não morreu; Ele somente pareceu morrer. Já na época em que o quarto Evangelho foi escrito, havia influências docéticas operando.[27] João coloca-se contra essas heresias, afirmando que o Verbo se fez carne, teve sede e morreu fisicamente.

A fim de redimir a humanidade, era necessário que Deus se tornasse humano. Escrevendo aos Romanos, Paulo disse que Cristo

---

[26] PEARLMAN, M. *Através da Bíblia*, p. 281-282.
[27] CARSON, D. A. *O comentário de João*, p. 625.

entrou no mundo "em semelhança de carne pecaminosa" (8:3). Paulo escolheu cuidadosamente as palavras aqui, sob a assistência do Espírito Santo. Se apenas tivesse dito que "Deus enviou o seu Filho em semelhança de carne", estaria caindo na heresia do docetismo, que defendia a tese de que a encarnação de Cristo era apenas aparente, em vez de real. Se apenas tivesse dito que "Deus enviou o seu Filho em carne pecaminosa", estaria subscrevendo a heresia do gnosticismo, que afirmava que Jesus não podia ser Deus nem perfeito, uma vez que a matéria é essencialmente má. O que Paulo está dizendo é que a encarnação de Cristo é real. Cristo se fez carne, mas não se tornou pecador. Assumiu a nossa carne, mas não a nossa natureza pecadora.[28]

O pastor e missionário Russell Shedd corretamente afirma que, enquanto o gnosticismo colocou a matéria em oposição a Deus, a encarnação trouxe o Deus transcendente para dentro da nossa humanidade. Não é a matéria em oposição a Deus o antagonismo fundamental; mas ela é o meio pelo qual Deus se revela no corpo físico de Cristo. A matéria não é o obstáculo ao progresso, mas o veículo pelo qual Deus nos salva por meio da cruz e do túmulo vazio.[29]

Jesus é tanto Deus como homem. É perfeitamente Deus e perfeitamente homem. O Verbo que criou o mundo, a razão que controla a ordem do mundo, fez-se carne e veio morar entre os seres humanos. Ele possui duas naturezas distintas. É Deus de Deus, luz de luz, coigual, coeterno e consubstancial com o Pai. Não obstante, fez-se carne e habitou entre nós.

O estudioso William Hendriksen diz corretamente que a expressão "fez-se carne", registrada em João 1:14, tem um sentido muito especial. Não possui o sentido de Jesus ter deixado de ser o que era antes. Quando a mulher de Ló "se tornou" uma estátua de sal, deixou de ser a esposa dele, mas, quando Ló "se tornou" pai de Moabe e Amom, permaneceu sendo Ló. Esse é também o

---

[28] GREATHOUSE, W. M. *A epístola aos Romanos*, p. 115.
[29] SHEDD, R. *Andai nele*, p. 10.

caso aqui. O Verbo se fez carne, mas permaneceu sendo o Verbo de Deus. A segunda pessoa da Trindade assumiu a natureza humana sem abdicar da natureza divina. Nele, as duas naturezas, divina e humana, estão presentes.[30] Bruce Milne amplia o entendimento dessa gloriosa verdade ao escrever:

> O verbo "se fez" (*egeneto*) expressa que a pessoa muda sua propriedade e entra em uma nova condição e se torna alguma coisa que não era antes. O tempo verbal no aoristo implica uma definitiva e completa ação; ou seja, não há volta na encarnação. O fato de o Filho de Deus ter se esvaziado e assumido a forma humana é irreversível. Deus, o Filho, sem cessar por um momento de ser divino, uniu-se a à plenitude da natureza humana e se tornou uma autêntica pessoa humana, exceto no pecado. Em Jesus Cristo, Deus "se fez homem".[31]

Quando o Verbo se fez carne, as duas naturezas, divina e humana, se uniram inconfundível, imutável, indivisível e inseparavelmente. Vemos, portanto, a presença de Deus entre os seres humanos. O Verbo eterno, pessoal, divino, autoexistente e criador esvaziou-se de sua glória, desceu até nós e vestiu a pele humana.

Aquele que nem o céu dos céus pode conter, que mediu as águas na concha de sua mão, que pesou o pó da terra em balança de precisão, que mediu os céus a palmo e que espalhou as estrelas no firmamento, agora nasce entre os seres humanos e é colocado numa manjedoura. É despido de suas roupas e pendurado numa cruz. É ressurreto e assunto aos céus. Nele habita corporalmente toda a plenitude da divindade (Colossenses 2:9).[32]

Os mestres gnósticos ensinavam que Cristo não era suficiente para levar o ser humano a Deus, pois Ele era apenas um dentre muitos mediadores. Esses falsos mestres, severamente criticados por

---

[30] HENDRIKSEN, W. *João*, p. 118.
[31] MILNE, B. *The Message of John*, p. 46.
[32] STERN, D. H. *Comentário judaico do Novo Testamento*, p. 182.

João e Paulo em suas cartas, concebiam a plenitude da Divindade como distribuída entre anjos, pelos quais o universo material havia sido criado. Para eles, Cristo não passava de uma manifestação de Deus. A resposta de Paulo é fulminante. O apóstolo rechaçou o ensino desses falsos mestres, dizendo que nós não necessitamos de coisa alguma fora de Cristo para triunfar sobre qualquer poder do universo, porque nele se encontra nada menos que toda a plenitude de Deus. Ele é o cabeça de todo poder e autoridade, pois Ele os criou (Colossenses 2:10).[33]

Cristo não é uma revelação parcial de Deus, mas é o próprio Deus em toda a sua plenitude.[34] Os falsos mestres gnósticos tinham uma visão pequena e distorcida da pessoa e da obra de Cristo. Jesus era e é o Deus perfeito e absoluto.[35]

## O CORPO DE CRISTO COMO O NOVO TEMPLO

Para dizer que o Verbo se fez carne e "habitou entre nós", João usou o termo grego *skenoo*. O sentido é de que o Verbo armou seu tabernáculo, ou morou em sua tenda, entre nós. Esse termo traria à mente o *skene*, o tabernáculo em que Deus se encontrava com Israel antes da construção do templo (Êxodo 25:8).[36] Na encarnação, a carne de Jesus Cristo tornou-se a nova localização da presença de Deus na Terra. Jesus substituiu o antigo tabernáculo.[37]

Anualmente, os judeus celebravam a festa dos Tabernáculos ou das Cabanas. Nesses dias, lembravam-se da intervenção sobrenatural de Deus na libertação do seu povo da escravidão no Egito. Lembravam-se de como Deus demonstrou seu poder sobre os deuses do Egito. De como Deus revelou seu braço forte abrindo o mar Vermelho. De como providenciou, durante quarenta anos, maná

---

[33] BARCLAY, W. *Filipenses, Colosenses, I y II Tesalonicenses*, p. 147.
[34] FALCÃO, S. A. *Meditações em Colossenses*, p. 95.
[35] MARTIN, R. P. *Colossenses e Filemom*, p. 90.
[36] CARSON, D. A. *O comentário de João*, p. 127.
[37] RIENECKER, F.; ROGERS, C. *Chave linguística do Novo Testamento*, p. 162.

do céu e água da rocha. De como dirigiu seu povo durante o dia por uma coluna de nuvem, e durante a noite por uma coluna de fogo. Naqueles quarenta anos, o povo habitou em tendas, e Deus os protegeu, os abençoou e os conduziu. Além de lembrar o passado, a festa dos Tabernáculos também apontava para o futuro, para aquele glorioso dia em que Deus armaria sua morada definitiva com seu povo. Esse dia havia sido profetizado por Ezequiel:

> Habitarão na terra que dei a meu servo Jacó, na qual vossos pais habitaram; habitarão nela, eles e seus filhos e os filhos de seus filhos, para sempre; e Davi, meu servo, será seu príncipe eternamente. Farei com eles aliança de paz; será aliança perpétua. Estabelecê-los-ei, e os multiplicarei, e porei o meu santuário no meio deles, para sempre. O meu tabernáculo estará com eles; eu serei o seu Deus, e eles serão o meu povo. As nações saberão que eu sou o SENHOR que santifico a Israel, quando o meu santuário estiver para sempre no meio deles (Ezequiel 37:25-28).

Essa profecia verdadeiramente se cumpriu quando o Verbo se tornou carne. O Verbo encarnado é o verdadeiro tabernáculo, a manifestação definitiva da presença de Deus entre seres humanos, porque esse Verbo se tornou humano.

A associação de Jesus à habitação de Deus fica evidenciada no capítulo 2 de João. Jesus saiu da festa de casamento de Caná da Galileia e foi a Jerusalém para outra festa, a mais importante dos judeus, a festa da Páscoa. Naquela época, a população de Jerusalém, que girava em torno de 50 mil pessoas, quintuplicava. A Páscoa era a alegria dos judeus e, ao mesmo tempo, o terror dos romanos. Havia grande temor de conflitos e insurreições, uma vez que judeus de todo o Império Romano se dirigiam a Jerusalém nessa semana. O templo era o centro nevrálgico dessa festa; e foi exatamente aí que Jesus agiu.

O Novo Testamento usa duas palavras para se referir ao templo. A primeira é *hieron*, que significa "lugar sagrado". Esse espaço abrangia toda a área construída do templo, que cobria o cume do Monte Sião e tinha aproximadamente quinze hectares de extensão. Estava rodeado por grandes muralhas. Havia um amplo espaço exterior chamado pátio dos gentios. Nele podia entrar qualquer pessoa, judia ou gentia. O pátio seguinte era o pátio das mulheres; a partir daí, somente os judeus tinham acesso, e para além daí, as mulheres não podiam ir. Logo vinha o chamado pátio dos israelitas. Ali se reunia a congregação nas grandes ocasiões, e as oferendas eram entregues aos sacerdotes. Na sequência, ficava o pátio dos sacerdotes, e nele estava erigido o templo propriamente dito, que era designado pela palavra *naos*.[38]

Quando Jesus vai ao templo, verifica que a casa de Deus tinha perdido a razão de ser. Os sacerdotes tinham transformado a casa de Deus num mercado. O lucro tinha substituído o relacionamento com Deus.

Negociantes haviam se instalado dentro da casa de Deus a fim de venderem seus produtos para os rituais do culto. Mancomunados com eles, os sacerdotes rejeitavam os sacrifícios que as pessoas traziam, forçando os adoradores a comprarem outros animais para o sacrifício, os quais eram vendidos pelos feirantes do templo. Também não aceitavam moedas estrangeiras para pagar o tributo do templo nem para fazer outras transações no templo, de modo que aqueles que vinham de outras localidades para adorar em Jerusalém precisavam trocar seu dinheiro. Para isso, havia cambistas instalados no templo, cobrando uma taxa exorbitante para as transações. Parte do lucro obtido pelos cambistas era repassada aos ministros do templo.[39]

Todo esse comércio de compra e venda era feito no pátio dos gentios, o único lugar em que os gentios podiam transitar. Aquele pátio havia sido destinado aos gentios para que eles meditassem e orassem. Aliás, era o único lugar de oração que os

---

[38] BARCLAY, W. *Marcos*, p. 283-284.
[39] HENDRIKSEN, W. *Marcos*, p. 572-573.

gentios conheciam. O problema é que os sacerdotes transformaram esse lugar de oração numa feira onde ninguém conseguia orar. O mugido dos bois, o balido das ovelhas, o arrulho das pombas, os gritos dos vendedores ambulantes, o tilintar das moedas, as vozes que se elevavam no regateio do comércio; todas essas coisas se combinavam para converter o pátio dos gentios em um lugar em que ninguém conseguia adorar a Deus.[40] A purificação do templo demonstra de forma eloquente a preocupação de Jesus com a verdadeira adoração e o correto relacionamento com Deus.

Jesus, tomado por ira santa, declara que sua casa não deveria ser um lugar que excluísse pessoas pela barreira do comércio, mas um lugar de oração acessível a gentes de todos os povos. Jesus chama a casa de Deus de sua casa. Ele é o próprio Deus. E Ele tem zelo pela sua casa. Expulsou os vendedores e os cambistas, virou as mesas e ordenou aos que vendiam pombas que as retirassem daquele lugar sagrado. Ele derramou pelo chão todo o dinheiro dos cambistas. Diante dessa atitude de Jesus, os discípulos se lembraram do salmo que diz: "O zelo da tua casa me consumirá" (69:9; veja João 2:17).

De fato, o zelo da casa de Deus o consumiu. Quando Jesus purificou o templo, acabou declarando guerra aos líderes religiosos daquele lugar. Ele atacou o espírito secularizado dos judeus, expôs sua corrupção e ganância, e condenou seu espírito antimissionário, pois o pátio dos gentios havia sido construído para que estes adorassem o Deus de Israel, servindo de bênção para as nações (Marcos 11:17). O sumo sacerdote Anás e seus subalternos, porém, estavam-no usando para propósitos pessoais. Jesus atingiu o bolso dos sacerdotes que governavam o templo. Por isso, eles se tornaram inimigos cruéis. Foram os sacerdotes administradores do templo que prenderam Jesus e o levaram à morte. No julgamento de Jesus diante do Sinédrio, falsas testemunhas o acusaram de declarar: "Destruirei este templo feito por mãos humanas e em três dias construirei outro, não feito por mãos de homens" (Marcos 14:58;

---

[40] BARCLAY, W. *Juan I*, p. 122.

veja, Marcos 15:29). A destruição ou profanação de um templo ou outro lugar de adoração era considerada ofensa capital no mundo greco-romano. Os evangelistas dizem se tratar de um testemunho falso porque Jesus não diz "Destruirei", mas "Destruam" e, com isso, referia-se ao próprio corpo.[41]

Quando Jesus promoveu a limpeza do templo, os judeus o indagaram: "Que sinal nos mostras, para fazeres estas coisas?" (João 2:18). Jesus respondeu: "Destruam este templo, e em três dias eu o levantarei" (v. 19, NVT), ao que o evangelista João comenta: "Ele, porém, se referia ao santuário do seu corpo" (v. 21) Em sua afirmação, Jesus usa a palavra *naos*, referindo-se especificamente ao santuário, e não *hieron*, que abrangia todo o complexo no topo do Monte Sião.[42]

Jesus não apenas purificou o templo, mas também o substituiu, cumprindo seus propósitos.[43] Com sua vinda, Jesus pôs fim a toda forma de adoração arranjada por homens, instalando em lugar disso a adoração espiritual. A afirmação de Jesus era: "A adoração de vocês, com pomposos rituais, incensos aromáticos e pródigos sacrifícios de animais, chegou ao fim. Eu sou o novo templo, ao qual pessoas do mundo inteiro podem vir e adorar o Deus vivo em espírito e em verdade".[44] Donald Carson corrobora essa ideia:

> É o corpo humano de Jesus que unicamente manifesta o Pai e torna--se o ponto focal da manifestação de Deus ao homem, a habitação viva de Deus sobre a terra, o cumprimento de tudo o que o templo significava e o centro de toda a verdadeira adoração (contra todas as outras reivindicações de lugar santo). Nesse templo, o sacrifício definitivo aconteceria; após três dias de sua morte e sepultamento, Jesus Cristo, o verdadeiro templo, levantar-se-ia dos mortos.[45]

---

[41] CARSON, D. A. *O comentário de João*, p. 182.
[42] CARSON, D. A. *O comentário de João*, p. 182.
[43] CARSON, D. A. *O comentário de João*, p. 183.
[44] BARCLAY, W. *Juan I*, p. 125.
[45] CARSON, D. A. *O comentário de João*, p. 182.

Quando os judeus perguntaram a Jesus que sinal Ele mostraria para fazer aquelas coisas, Ele respondeu falando de sua morte e ressurreição: "Destruam este templo, e em três dias eu o levantarei". A morte e a ressurreição de Jesus são os argumentos mais eloquentes e decisivos em favor de sua pessoa divina e de sua missão redentora. Jesus veio para substituir o templo. Sua morte varreu dos altares os animais do sacrifício. Com sua morte e ressurreição, cessaram todos os sacrifícios cerimoniais. Ele veio para oferecer um único e irrepetível sacrifício. Ele morreu pelos nossos pecados e ressuscitou para a nossa justificação. Agora, a verdadeira adoração não tem mais que ver com a geografia do templo. Devemos adorar a Deus em espírito e em verdade.

Os judeus, até mesmo os discípulos, não compreenderam o que Jesus dizia naquele momento. É à luz da ressurreição que podemos entender a Bíblia e interpretar as palavras e afirmações de Cristo. Charles Erdman diz que, como a morte de Jesus envolvia a destruição do templo literal e o respectivo culto, da mesma forma a sua ressurreição asseguraria o estabelecimento de um santuário espiritual, mais verdadeiro, que era sua igreja. Desse modo, em lugar de um ritual de fórmulas, sombras e tipos, erigir-se-ia uma religião de culto mais verdadeiro e de comunhão mais real com Deus.[46] O teólogo alemão Werner de Boor é oportuno quando escreve:

> O verdadeiro e incontestável "sinal" da autoridade de Jesus, apesar de todos os demais milagres, é — tanto em João quanto nos sinóticos (Mateus 12:38-40) — que Ele rendeu dessa maneira sua vida e que receberá de volta dessa maneira, pela ressurreição dentre os mortos, a sua vida e sua glória. Somente a morte de Jesus e sua ressurreição hão de demonstrar seu poder divino de uma maneira tal que surja a fé em Jesus até entre as fileiras dos sacerdotes (Atos 6:7).[47]

---

[46] ERDMAN, C. *O Evangelho de João*, p. 33.
[47] BOOR, W. de. *Evangelho de João I*, p. 80.

Se o corpo de Cristo é o templo que foi destruído em sua morte, Jesus estava profetizando o fim do sistema religioso judaico. O sistema legal chegou ao fim, e a "graça e a verdade" vieram por meio de Cristo. Ele é o novo sacrifício e o novo templo. A nova adoração dependerá da integridade interior, e não da geografia exterior.[48]

## O TESTEMUNHO DA MORTE E DA VIDA

No começo de seu Evangelho, João apresentou João Batista como testemunha da luz (1:7). João Batista foi enviado por Deus para testemunhar de Jesus, a fim de que todos colocassem sua confiança nele. Como testemunha ocular, ele viu o Espírito Santo descendo e pousando sobre Jesus, logo depois do seu batismo no rio Jordão. João testemunhou Jesus como o Cordeiro de Deus que tira o pecado do mundo. Ele concluiu seu testemunho acerca de Jesus afirmando categoricamente que Ele é o Filho de Deus (João 1:32-34).

No fim do Evangelho, o autor também se apresenta como testemunha. Seu propósito ao registrar as coisas que relatou em seu Evangelho é "para que creiais que Jesus é o Cristo, o Filho de Deus, e para que, crendo, tenhais vida em seu nome" (20:31). Como testemunha ocular, João viu Jesus sendo erguido sobre a cruz e testemunhou seu corpo sendo aberto por uma lança (19:35). Ele testemunhou o Cristo ressurreto, e a ele lhe foi dada a tarefa de ser testemunha das coisas que viu: "Este é o discípulo que dá testemunho a respeito destas coisas e que as escreveu; e sabemos que o seu testemunho é verdadeiro" (21:24).

Jesus prometeu que daria aos seus discípulos o Espírito Santo. Ele os batizaria com o Espírito Santo, e eles teriam poder para também testemunharem: "Recebereis poder, ao descer sobre vós o Espírito Santo, e sereis minhas testemunhas tanto em Jerusalém como em toda a Judeia e Samaria e até aos confins da terra" (Atos 1:8). Essa promessa se cumpriu quando o Cristo ressurreto foi assunto aos céus.

---

[48] WIERSBE, W. W. *Comentário bíblico expositivo*. v. 5, p. 377.

Jesus falou que precisamos de poder não apenas para viver, mas também para morrer. A palavra "testemunhas" em Atos 1:8 vem do grego *martiria*, de onde se origina a palavra "mártir". Precisamos de poder para morrer, pois quem não está preparado para morrer não está preparado para viver.

Ser testemunha de Cristo no tempo dos apóstolos não era símbolo de prestígio político, mas de perseguição, espólio, prisão e morte. Professar a fé em Jesus era algo arriscado e perigoso. Podia significar abandono, cadeia e morte.

Muitos cristãos foram presos, torturados, saqueados e mortos com requintes de crueldade por causa da fé deles. Muitos soldados de Cristo tombaram no campo de batalha e sofreram doloroso martírio por causa da fidelidade a Jesus. Muitos perderam a família, os bens e a própria vida, sendo jogados nas arenas, enrolados em peles de animais, dilacerados pelas dentadas dos cães. Outros foram pisoteados e rasgados pelos touros enfurecidos. Não poucos foram destroçados pelos esfaimados leões da Líbia ou traspassados pelas espadas dos gladiadores. Miríades de testemunhas morreram queimadas; outras, crucificadas. Muitos foram afogados, estrangulados ou decapitados por causa da sua fé em Cristo. Desde Estêvão, o protomártir do cristianismo, passando por Tiago, Paulo, Policarpo, a viúva Felicidade, a jovem senhora Perpétua, a escrava Blandina e a milhares de outros, como Jan Huss e Jerônimo Savonarola, muitos completam a galeria dos heróis da fé que, por amor a Deus, fidelidade a Jesus e compromisso com o evangelho, selaram com o próprio sangue o testemunho da cruz.

Sem o poder do Espírito, tornamo-nos covardes como Pedro na casa do sumo sacerdote Anás, quando negou Jesus. Sem o poder do Espírito, perdemos a intrepidez de falar do evangelho diante das ameaças do mundo. Por outro lado, quando somos revestidos com esse poder, força nenhuma nos detém. Os açoites não nos intimidam, as prisões não nos amordaçam, nem a morte nos abala. Foi esse poder que sustentou Paulo como um arauto na prisão até a morte. Foi esse poder que sustentou Estêvão diante do martírio.

Foi esse poder que capacitou Jan Huss a enfrentar com serenidade a fogueira. Foi esse poder que encorajou Lutero a ir a Worms e dar firme testemunho da sua fé. Precisamos de poder para viver com Jesus e para morrer por Ele.

Quando Jesus falou aos discípulos sobre o batismo com o Espírito e a promessa do Pai pela qual deveriam aguardar, eles entraram no campo da especulação escatológica. Acharam que Jesus estava falando de um tempo em que o domínio de Roma seria subjugado pelo poder político de Jesus. Entretanto, Jesus mudou o rumo dessas expectativas e evidenciou, com diáfana clareza, que eles receberiam poder não para fazer profundas lucubrações ou incursões no campo da especulação teológica, mas para agir, para colocar a mão no arado e ser testemunha de Cristo.

Muitas vezes, a igreja se reúne para discutir opiniões, mas não age. Faz todo o tipo de treinamento, mas não sai a campo. Há crentes que frequentam todos os congressos de reciclagem e aprendem todos os métodos de evangelismo, mas nunca saíram de casa para testemunhar. São capazes de andar mil quilômetros para ir a um congresso de evangelização, são capazes de sair de casa mil vezes para ir à igreja, mas são incapazes de atravessar a rua e falar de Jesus para um vizinho. As pessoas estão buscando o derramar do Espírito para o seu próprio deleite, para o seu próprio conforto, para a exaltação do seu próprio nome. Por isso, vemos muita religiosidade, mas pouca vida; muita ortodoxia, mas pouco poder; muita discussão, mas pouco trabalho; muito barulho, mas pouco resultado.

Infelizmente muitos na igreja têm a cabeça enorme, mas o corpo é raquítico. São pessoas que estudam, pesquisam, mergulham nas águas mais profundas do saber, tornam-se adestradas no conhecimento, mas são inaptas no trabalho. Sabem, mas não fazem. Passam a vida se aquecendo, se preparando, mas nunca entram em campo. Conhecem a Bíblia de capa a capa, mas nunca compartilham o seu conteúdo com outras pessoas. São mestres afiados para discutir todas as doutrinas, para diagnosticar todas as novidades emergentes no mercado da fé, para vigiar como guardiões os depósitos sagrados, mas são verdadeiros sarcófagos, fechados hermeticamente como um túmulo; deles não transpira a vida de Deus, deles não se ouve a voz de Deus, eles não sabem conjugar o verbo testemunhar, porque na escola da vida só fizeram conjecturas e especulações e nunca testemunharam o poder de Deus.

Uma das coisas que marcou profundamente a minha vida foi visitar o museu dos mártires em Seul, na Coreia do Sul. A igreja evangélica coreana cresceu num solo regado pelo sangue dos mártires. Milhares de crentes foram castigados até a morte na época da ocupação japonesa. Pastores foram decapitados às centenas às margens do rio Han. Mais tarde, na fratricida guerra contra a Coreia do Norte, outras centenas de crentes morreram por sua fidelidade a Jesus. Nesse museu, vi, numa enorme sala, quadros singelamente emoldurados com as fotografias de centenas de mártires. Em cada quadro havia um breve relato de sua vida, obras, ministério e, sobretudo, a maneira com que foi torturado e morto por causa de seu testemunho. Naquela sala, chorei ao ver que muitos daqueles mártires morreram sem testemunharem o grande avivamento que Deus enviou sobre a Coreia do Sul.

Deus honra o sangue dos mártires. Como dizia Tertuliano, o sangue dos mártires é o adubo para a sementeira do evangelho. Depois de observar atentamente todos aqueles quadros, já na saída da sala, aproximei-me do último quadro. A moldura era a mesma, mas não havia fotografia. Quando fiquei de frente para ele, no lugar da fotografia estava um espelho. Contemplei meu próprio rosto e li abaixo uma frase lapidar: "Você pode ser o próximo mártir". Lágrimas rolaram em meu rosto. Reconheci que precisava ser revestido com o poder do Espírito para ser um mártir de Jesus.

SEXTA PALAVRA

# VITÓRIA

"Está consumado!"

JOÃO 19:30

Em uma esponja, Jesus bebe o vinho ácido que os soldados lhe ofereceram. O gole, se chega a tanto, não aplaca sua sede, mas aparentemente lhe dá forças para proferir um brado de triunfo: "Está consumado!". Enquanto é certo que os sofrimentos de nosso Senhor estavam terminados, e sua obra na cruz, consumada, essa sexta palavra inclui muito mais que isso. Os tipos e as profecias do Antigo Testamento se cumpriam. O sacrifício foi oferecido. Os grilhões do pecado foram despedaçados. O Cordeiro de Deus tirou o pecado do mundo.

A penúltima palavra proferida por Jesus na cruz foi uma exclamação vencedora. Foi o grito de vitória de quem estava consumando a obra da redenção ao custo infinito de sua agonia.[1] Jesus completava sua obra, esmagando a cabeça da serpente, triunfando sobre o Diabo e suas hostes e comprando-nos para Deus. Ele morre como um vencedor. Jesus não foi morto, pois voluntariamente deu sua vida. Ele não morreu como um mártir; Ele se entregou como sacrifício pelos pecados do seu povo.[2] Qualquer pensamento de derrota é abafado pela força surpreendente do grito de Jesus.

## A CONSUMAÇÃO DA OBRA DE CRISTO

A frase "Está consumado" é, na língua grega, uma única palavra: *tetelestai*. O sentido literal desse verbo é "completar; concluir". O verbo *teleo*, do qual *tetelestai* deriva, denota a realização de uma

---

[1] TRENCHARD, E. *Una Exposición del Evangelio según Marcos*, p. 209.
[2] WIERSBE, W. W. *Be Diligent*, p. 149.

tarefa, e, no contexto religioso, tem a implicação de cumprir as obrigações religiosas. Nesse sentido, à luz da cruz que estava para enfrentar, Jesus pôde clamar mais cedo, no cenáculo: "Eu te glorifiquei na terra, *consumando* [*teleiosas*] a obra que me confiaste para fazer" (João 17:4). Esse também é o termo usado pelo evangelista João para introduzir a última reunião de Jesus com seus discípulos: "Tendo amado os seus que estavam no mundo, amou-os *até ao fim* [*eis telos*]" (13:1); ou seja, não só "até o fim" no sentido de "até acabar", mas na plena extensão exigida por sua missão.[3] À beira da morte, Jesus também teve consciência da completude de sua obra: "Depois, vendo Jesus que tudo já estava *consumado* [*tetelestai*], para se cumprir a Escritura, disse: Tenho sede" (19:28). Cumprindo essa profecia final de sua morte, Jesus grita: "Está consumado!". Desse modo, a conclusão da obra de Cristo é necessariamente o cumprimento das Escrituras a seu respeito e a realização da vontade do Pai.[4]

*Tetelestai* era um termo cotidiano, usado primariamente em três situações.

Em primeiro lugar, *para falar de uma missão cumprida*. Quando um pai encarregava seu filho de uma tarefa, ou o senhor exigia algo de seu servo, o filho ou escravo, ao concluir a missão, dizia: "Tetelestai", ou seja, "Está concluído o trabalho a mim confiado". Esse é o sentido da frase de João 17:4. O Pai enviou Jesus, o seu Filho unigênito, ao mundo com a missão de cumprir a lei por nós e morrer em nosso lugar, levando sobre o seu corpo os nossos pecados e adquirindo para nós eterna redenção.

Jesus se fez carne e habitou entre nós. Viveu como um de nós, mas sem pecado. Sentiu fome, sede, cansaço, dor, fadiga. Ele não tinha onde reclinar a cabeça. Não nasceu num berço de ouro, mas num estábulo de animais. Não pisou tapetes aveludados, mas palmilhou as estradas empoeiradas da Palestina. Não veio para ser servido, mas para servir. Andou por toda parte fazendo o bem e curando todos os

---

[3] CARSON, D. A. *O comentário de João*, p. 623.
[4] CARSON, D. A. *O comentário de João*, p. 621.

oprimidos do Diabo. Curou os cegos, levantou os aleijados, purificou os leprosos, ressuscitou os mortos e deu esperança àqueles que estavam escorraçados pela vida. Libertou os cativos, alforriou os prisioneiros do pecado e arrancou da casa do valente os que viviam no reino das trevas. Veio como nosso libertador, Salvador e Senhor. Tomou o nosso lugar. Veio como representante e fiador. Foi à cruz por nós. Morreu em nosso lugar, em nosso favor. Cumpriu cabalmente esse plano eterno e, no topo do Calvário, bradou aos céus e proclamou ao Pai: "*Tetelestai*", isto é, "Minha missão foi concluída".

Em segundo lugar, *para falar de uma dívida paga*. Quando um devedor pagava seu débito numa agência bancária, ao saldar toda a dívida, batia-se no documento o carimbo com a inscrição *Tetelestai*, ou seja, "A dívida foi paga". Quando Cristo foi à cruz, Ele rasgou o escrito da dívida que era contra nós e o encravou na cruz. Ele pagou a nossa dívida e quitou o nosso débito. Nossa dívida com Deus era impagável. Todos estamos aquém das exigências da lei. A lei exige perfeição total, e nós somos imperfeitos. Jamais poderíamos cumprir a lei ou satisfazer as demandas da justiça divina. No entanto, o que não podíamos fazer, Cristo fez por nós. Agora, em Cristo, estamos quites com a lei de Deus. Agora, as demandas da justiça divina foram satisfeitas. Agora, fomos justificados pelo sangue de Cristo. Agora, já nenhuma condenação há mais para aqueles que estão em Cristo Jesus. Estamos perdoados. Estamos justificados. Não pesa mais sobre nós a culpa dos nossos pecados. Jesus se fez pecado por nós para que fôssemos feitos justiça de Deus. Não apenas nossos pecados foram perdoados, mas toda a infinita justiça de Cristo foi depositada em nossa conta. Temos um crédito infinito diante do tribunal de Deus. Somos ricos. Estamos protegidos com as vestiduras alvas da justiça de Cristo. Podemos ter ousadia e confiança de nos aproximar do trono de Deus. Cristo é o nosso advogado e intercessor. Com o seu sangue, Ele nos reconciliou com Deus. Ele é a nossa paz, o nosso resgatador.

Em terceiro lugar, *para falar de uma posse permanente e definitiva*. Quando uma pessoa comprava um imóvel, após efetuar todo o pagamento, recebia uma escritura definitiva com a palavra

"Tetelestai", ou seja, "Agora você tem direito de posse definitiva". Quando Cristo bradou na cruz "Está consumado", Ele nos entregou o certificado, a garantia e a escritura registrada da nossa posse de uma herança eterna, incorruptível e gloriosa no céu. Agora, tornamo-nos filhos de Deus, herdeiros de Deus e coerdeiros com Cristo. Agora, as riquezas insondáveis de Deus são nossas. Os céus nos pertencem por herança. O céu é a casa do Pai, o nosso lar, a nossa morada, a nossa pátria. O céu não é apenas uma vaga possibilidade, mas uma realidade concreta. Não é apenas uma esperança vazia, mas uma convicção inabalável. Cristo comprou-nos com seu sangue. Ele abriu para nós um novo e vivo caminho até Deus. Entrou no céu como o nosso precursor. Ele é a porta do céu, o caminho para o Pai, o galardoador daqueles que o buscam.

O que Jesus consumou na cruz? Arthur Pink lista pelo menos oito objetivos que foram consumados na cruz de Cristo:[5]

1. o cumprimento de todas as profecias que foram escritas sobre Cristo antes que viesse a morrer;
2. o término do seu sofrimento;
3. o propósito da encarnação;
4. a realização da expiação;
5. a remissão dos nossos pecados;
6. o cumprimento das exigências da lei;
7. a satisfação da justiça divina;
8. a destruição do poder de Satanás.

Examinaremos esses objetivos nas páginas a seguir.

## O CUMPRIMENTO DE TODAS AS PROFECIAS

A cruz de Cristo é a grande ênfase de toda a Bíblia, tanto do Antigo como do Novo Testamento. Dois quintos do Evangelho de Mateus,

---

[5] PINK, A. W. *Os sete brados do Salvador sobre a cruz*, p. 66-77.

mais de três quintos do Evangelho de Marcos, um terço do Evangelho de Lucas e quase metade do Evangelho de João são dedicados à última semana de Jesus em Jerusalém.

John MacArthur diz corretamente que as Escrituras enfatizam do começo ao fim a morte substitutiva de Cristo (Isaías 53:4-6; 2Coríntios 5:21; 1Pedro 2:24). A morte de Cristo é o cumprimento das profecias, o tema central do Novo Testamento, o principal propósito da encarnação, o constante tema de seu ensino, o tema central da pregação dos apóstolos, o eixo principal do ensinamento das Epístolas, o coração das ordenanças da igreja e o assunto de supremo interesse no céu.[6]

Ao longo dos séculos, Deus revelou progressivamente seu plano salvífico pelas Escrituras proféticas. As profecias envolvem uma verdade gloriosa, a saber, que o universo é regido por um plano eterno de Deus e que Ele trabalha eficazmente na história para que esse plano ordenado jamais seja frustrado, mas que se cumpra assim como Ele determinou.

Sem a cruz de Cristo, o cristianismo não passa de uma mera religião. Jesus Cristo é o eterno propósito de Deus. Antes da fundação do mundo, Ele foi predestinado para a obra da redenção. Pedro deixa claro que a morte de Cristo não foi um acidente, mas o cumprimento de um plano, pois Deus a determinou antes da fundação do mundo (1Pedro 1:20). Às vezes, tendemos a pensar em Deus primeiro como Criador e depois como Redentor. Pensamos que Deus criou o mundo e depois, quando as coisas se complicaram com a Queda, buscou alguma maneira de resgatar a criação mediante Jesus Cristo. Contudo, a Bíblia apresenta a majestosa visão de Deus como Redentor antes de ser Criador.[7] O plano da redenção precedeu à criação do universo. Nosso resgate não foi uma decisão de última hora. Deus planejou nossa salvação nos refolhos da eternidade. O Cordeiro de Deus foi morto desde a fundação do mundo (Apocalipse 13:8).

---

[6] MACARTHUR, J. *The MacArthur New Testament Commentary*, p. 34-38.
[7] BARCLAY, W. *Santiago, I y II Pedro*, p. 212.

Quando estava criando o universo, bastou Deus falar e tudo se fez. Para nos salvar, contudo, uma palavra não foi suficiente. O próprio Deus Filho precisou esvaziar-se, humilhar-se, fazer-se carne e vir ao mundo para morrer em nosso lugar. A redenção é uma obra maior que a criação! O poder que operou na cruz é maior que o poder que trouxe o universo à existência!

## O CUMPRIMENTO DE SEU SOFRIMENTO FÍSICO

Ao dizer "Está consumado", Jesus também indicava o fim de seu sofrimento em corpo humano. Todo sofrimento e humilhação necessários à expiação de nossos pecados já haviam sido suportados. O sacrifício foi oferecido, a vítima foi imolada, o aroma da oferta subiu ao céu e foi agradável a Deus. O cálice foi bebido, a dívida foi paga. Não havia mais nada a padecer. O sofrimento que Jesus experimentou e as lágrimas que Ele verteu em seu ministério terreno, bem como a morte dolorosa que padeceu na cruz para a expiação do nosso pecado, tudo isso já havia terminado. Em breve, Ele seria elevado ao seu trono nos céus, de onde reina com autoridade para levar a efeito a salvação operada sobre a Terra.[8]

Segundo o teólogo britânico John Stott, esse ato histórico, que envolve a morte de Cristo por nossos pecados, foi terminado de uma vez por todas. Ele não apenas não pode ser repetido, como também não pode ser estendido nem prolongado. "Está consumado", Jesus clamou. É por isso que Cristo não tem um altar no céu, mas somente um trono. Não há mais sacrifícios a serem oferecidos. Jesus morreu uma única e definitiva vez. Agora, Ele se assenta sobre o trono e reina. Tendo terminado sua obra expiatória, Ele intercede por nós no céu com base no que foi feito e concluído na Terra.[9]

---

[8] WILEY, O. H. *Comentário exaustivo da carta aos Hebreus*, p. 354.
[9] STOTT, J. *A cruz de Cristo*, p. 283.

Deus organizou o universo de tal maneira que os seres humanos devem morrer uma vez, e não muitas vezes, e depois disso vem o juízo (Hebreus 9:27). Da mesma forma, é certo que Cristo morreu uma única vez como oferta pelo pecado.

Jesus realizou um sacrifício único, definitivo e eficaz (Hebreus 9:28a). Diferentemente dos sacerdotes levitas, Ele não precisou se apresentar várias vezes com um sacrifício em favor dos pecadores. Fez isso uma única vez. Cristo ofereceu a si mesmo, o seu próprio corpo, como único, perfeito e irrepetível sacrifício. Jesus morreu de uma só vez e uma vez só, pelo pecado e para o pecado, e fez um sacrifício suficiente e cabal que não precisa mais ser repetido.

Sua morte vicária foi o cumprimento de todos os sacrifícios da antiga aliança. Agora, todo o sistema judaico de sacrifícios deve cessar. Não existem mais sacerdotes. Não existe mais altar. Não existem mais sacrifícios pelo pecado. Cristo ofereceu o último, o único e o cabal sacrifício para tirar o pecado. Uma vez que os sacrifícios da antiga aliança não podiam aperfeiçoar os ofertantes, Cristo, com um único sacrifício, aperfeiçoou para sempre todos quantos estão sendo santificados. Não existe mais necessidade de novos sacrifícios. Ele varreu do altar todos os animais mortos. Toda a nossa salvação foi consumada no Calvário e não há mais nada que possa ser acrescentado ao que ali foi cabalmente realizado.

Por causa do sofrimento da morte que experimentou, Jesus foi recompensado pelo Pai. Paulo retrata a exaltação que o Pai deu ao Filho nestas belas palavras:

> Pelo que também Deus o exaltou sobremaneira e lhe deu o nome que está acima de todo nome, para que ao nome de Jesus se dobre todo joelho, nos céus, na terra e debaixo da terra, e toda língua confesse que Jesus Cristo é Senhor, para glória de Deus Pai (Filipenses 2:9-11).

Jesus recebeu autoridade para julgar e foi feito Senhor de vivos e mortos. Ele está assentado à direita do Pai, acima de todo principado e potestade. Jesus é o cabeça de toda a igreja. No céu, o Pai restituiu ao Filho sua glória eterna, da qual havia voluntariamente se despojado (João 17:5,24).

Cristo não passará por sofrimento em corpo humano novamente. A cruz e a morte foi o fim de suas agruras. O "Está consumado" sela seu ministério terreno, marcado por sofrimento, dor, humilhação e morte.

## O CUMPRIMENTO DO PROPÓSITO DA ENCARNAÇÃO

O nascimento, a vida e a morte de Cristo não foram acidentais, mas faziam parte de uma agenda traçada na eternidade. Muitas vezes, Cristo disse que sua hora ainda não tinha chegado; mas quando sua hora chegou, Ele não subiu ao Calvário como um derrotado. Ele seguiu como um rei caminha para o trono. Foi na cruz que Ele cumpriu o plano da redenção. Foi na cruz que Ele esmagou a cabeça da serpente. Foi na cruz que Ele despojou os principados e potestades. Foi na cruz que Ele revelou ao mundo o imenso amor de Deus. Foi na cruz que o propósito para o qual o Verbo se encarnara foi consumado.

Qual era o propósito da encarnação de Cristo? Podemos listar alguns.

Em primeiro lugar, *resgatar a glória que a humanidade perdeu com a Queda*. O autor aos Hebreus ressalta a posição de honra que Deus conferiu ao ser humano na criação (2:5-9). Deus o fez à sua imagem e semelhança e o coroou de glória e de honra. Ser coroado de glória traz em si a ideia de verdadeira dignidade e esplendor externo; ser coroado de honra sugere a alta estima devida à excelência verdadeira. Por causa dessa coroação de glória e honra, Deus colocou o ser humano acima de todas as obras criadas, dando, assim, o toque supremo à superioridade dele sobre a criação.[10]

---

[10] WILEY, O. H. *Comentário exaustivo da carta aos Hebreus*, p. 118.

A humanidade, porém, caiu e perdeu o domínio que possuía sobre a criação. Isso aconteceu por causa do pecado, que afetou a glória e a honra humanas. Com sua coroa jazendo no pó e sua honra completamente manchada, Em vez de sujeitar a natureza, a humanidade passou a adorá-la ou depredá-la.

A imagem de Deus refletida na humanidade foi desfigurada na Queda. O ser humano não é mais o que Deus intentou que ele fosse.[11] Então, Deus envia ao mundo Jesus, o homem perfeito, o segundo Adão, para restaurar essa imagem perdida. Jesus veio não só para restaurar essa imagem, mas também para dominar o mundo, tanto o presente como o futuro, e levar a humanidade a uma posição de domínio nunca antes experimentada.[12]

Jesus é chamado de "Autor da salvação" (Hebreus 2:10; 5:9) do seu povo, o pioneiro que abriu o caminho para Deus a fim de levar muitos filhos à glória. O estudioso bíblico Raymond Brown escreve: "Cristo não veio apenas para participar de nossa humanidade, mas também, e sobretudo, para transformá-la".[13] Jesus Cristo, em sua natureza divina e humana, cumpriu o mandato dado originariamente a Adão. Por isso, Cristo terá o domínio sobre todas as coisas criadas.[14]

Em segundo lugar, *conduzir muitos filhos à glória*. Aquele que entrou no mundo como o unigênito de Deus agora retorna ao céu como o primogênito de Deus, pois leva à glória, como irmão primogênito, muitos outros filhos de Deus, a quem não se envergonha de chamar irmãos (Hebreus 2:10-11). Ele saiu do céu à Terra solitário, e volta da Terra ao céu com a multidão dos seus santos. Segundo o autor aos Hebreus, a salvação que Jesus efetuou por nós é o processo de retirar do mundo de pecado e conduzir para a glória os que se tornam filhos de Deus.[15]

---

[11] BROWN, R. *The message of Hebrews*, p. 55.
[12] BOYD, F. M. *Gálatas, Filipenses, 1, 2 Tessalonicenses e Hebreus*, p. 125.
[13] BROWN, R. *The message of Hebrews*, p. 58.
[14] KISTEMAKER, S. *Hebreus*, p. 100.
[15] TURNBULL, M. R. *Estudando o Livro de Levítico e a Epístola aos Hebreus*, p. 114.

*O legado da cruz*

Por que era necessário Jesus sofrer, morrer e ressuscitar? Por que havia poderes superiores que o subjugariam? Impossível. Por que Ele queria dar um exemplo de abnegação e autossacrifício? Impossível. Então, por que era necessário Jesus morrer? A morte de Cristo foi necessária para que fosse feita expiação pelo pecado humano. Sem o derramamento do seu sangue, não haveria redenção para a humanidade. Sem o seu sacrifício vicário, não poderíamos ser reconciliados com Deus.[16] Sua morte nos trouxe vida e nos conferiu poder de fazermos parte da família de Deus.

Ser filho de Deus significa muito mais do que simplesmente ser criado à imagem e semelhança de Deus. É ter um relacionamento íntimo e pessoal com o Criador.[17] Com a Queda, as pessoas não são, pela natureza, filhas de Deus. Somente ao receberem Cristo é que obtêm o direito de se tornarem filhas de Deus.[18] Fica patente que o nascimento na família de Deus é bem diferente do nascimento físico. O nascimento espiritual, a entrada na família cujo Pai é Deus, depende da recepção pela fé daquele a quem Deus enviou.[19]

Em terceiro lugar, *glorificar o Pai*. O propósito inteiro da encarnação, da vinda de Jesus dos céus à Terra, não foi fazer sua própria vontade, mas a vontade do Pai que o enviou. Essa vontade era a de que o Filho não perdesse nenhum indivíduo de todos os que o Pai lhe havia dado (João 6:39-39).

A prioridade de Jesus era a glória de Deus, e sua crucificação trouxe glória ao Pai. A cruz glorificou a sabedoria, a fidelidade, a santidade e o amor do Pai. A cruz mostrou a sabedoria de Deus em providenciar um plano no qual Ele pôde ser justo e o justificador do pecador. A cruz mostrou sua fidelidade em guardar suas promessas e sua santidade em requerer o cumprimento das demandas da lei. Jesus glorificou o Pai em seus milagres, mas o Pai foi ainda mais glorificado por meio dos seus sofrimentos e da sua morte.

---

[16] RYLE, J. C. *Mark*, p. 120-121.
[17] STERN, D. H. *Comentário judaico do Novo Testamento*, p. 181.
[18] RIENECKER, F.; ROGERS, C. *Chave linguística do Novo Testamento grego*, p. 161-162.
[19] BRUCE, F. F. *João*, p. 43.

O fim último de todas as coisas é a glória de Deus. Cristo se humilhou e suportou a cruz para a glória do Pai. Ele ressuscitou e foi exaltado para a glória de Deus. O teólogo britânico Ralph P. Martin sintetiza esse glorioso pensamento de forma sublime:

> Agora, no Cristo preexistente, encarnado, humilhado, exaltado, Deus e o mundo estão unidos, e um novo segmento da humanidade, um microcosmo da nova ordem de Deus para o Universo, está nascendo.[20]

Toda a vida e a obra de Jesus apontam não para a sua glória pessoal, mas visam à glória de Deus. Jesus atrai a humanidade para si para poder levá-la a Deus.

## A EXPIAÇÃO DEFINITIVA DOS PECADOS

Quando Adão e Eva pecaram, seus olhos se abriram e, percebendo que estavam nus, coseram folhas de figueira e fizeram cintas para si (Gênesis 3:7). Deus providenciou a redenção para os nossos pais ao substituir esse precário avental de folhas por uma veste feita de pele de animais (v. 21). Aqui encontramos a gênese da doutrina da expiação pelo sangue. Uma vida é oferecida em favor de outra vida.

A lei mosaica exigia que quase todas as coisas fossem purificadas por meio de sangue, com exceção de umas poucas que eram purificadas com água e com fogo. Ninguém podia comparecer perante Deus para cultuá-lo sem estar debaixo do sangue. Nenhum mérito pessoal ou posição eclesiástica dava ao israelita o direito de comparecer perante Deus. Esse caminho era possível apenas por intermédio do sangue. Por isso, escreveu o autor aos Hebreus, "sem derramamento de sangue, não há remissão de pecados" (9:22).

Uma vez por ano, no Dia da Expiação o sumo sacerdote adentrava o local mais sagrado do tabernáculo e, depois, do templo, o Santo

---

[20] MARTIN, R. P. *Filipenses*, p. 115.

dos Santos, para derramar o sangue da expiação (Hebreus 9:6-7). Ali dentro, o sangue do sacrifício era derramado sobre o propiciatório para a expiação dos pecados do sacerdote e pelos pecados de ignorância do povo.

"Propiciatório" era a tampa dourada da arca da aliança que ficava atrás do véu no Santo dos santos. Seu nome em grego, *hilasterion*, significa literalmente "o assento da misericórdia".[21] *Hilasterion* significa também, e sobretudo, o ato de aplacar a ira divina ou de tornar Deus propício.[22] Dessa forma, quando dizemos que Jesus é "a propiciação pelos nossos pecados" (1João 2:2), o sentido é que Jesus aplacou a ira de Deus e, tendo feito isso, o tornou propício a nós.[23]

Sob a velha aliança, a consciência do pecador estava perturbada por causa das ofensas que não podiam ser perdoadas pelo sistema sacrificial. Havia provisão apenas para os pecados cometidos em ignorância, e não para aqueles cometidos deliberadamente. Nós não pecamos apenas de forma inconsciente e involuntária. Pecamos, sobretudo, de modo voluntário e deliberado. Na velha aliança, não havia provisão para esses pecados, nem forma de purificar a consciência pesada. A lei falava sobre vida eterna, perdão e purificação, mas jamais poderia conceder tais coisas, porque o sangue de animais é simplesmente incapaz de prover verdadeira expiação pelo pecado. Não havia redenção final e completa na antiga aliança. As transgressões foram cobertas pelo sangue de muitos sacrifícios, mas não foram definitivamente purificadas até que o sacrifício de Cristo fosse oferecido na cruz (Romanos 3:24-26).[24] O sacrifício da expiação na lei era sombra de Cristo. Jesus tornou-se o Mediador de uma nova aliança, oferecendo o que a antiga aliança não podia nos dar.

Se o sacrifício de animais não podia agradar a Deus nem remover pecados, o sacrifício de Cristo, o Cordeiro de Deus que tira

---

[21] GREATHOUSE, W. *A epístola aos Romanos*, p. 68.
[22] STOTT, J. *Romanos*, p. 129.
[23] MURRAY, J. *Redenção consumada e aplicada*, p. 35.
[24] WIERSBE, W. W. *The Bible Exposition Commentary*. v. 2, p. 311.

o pecado do mundo, foi uma oferta perfeita, feita pelo sacerdote perfeito, que agradou a Deus perfeitamente e removeu o pecado de uma vez por todas. O sacrifício de Cristo é a oferta suficiente em favor dos pecadores; é, portanto, a expiação perfeita dos pecados. Isso diz respeito até mesmo aos pecados dos crentes que viveram antes que o sacrifício ocorresse. É um sacrifício que não necessita de nenhum acréscimo, porque em nada é deficiente. Também não necessita de repetição.[25]

Jesus veio para fazer a vontade do Pai, oferecendo seu próprio corpo como sacrifício perfeito para remover de vez o pecado. A vontade de Deus era que o Messias fizesse plena expiação pelo pecado. Isso requeria um sacrifício com derramamento de sangue, e assim lhe foi preparado um corpo no qual pudesse sofrer. Duas naturezas, a divina e a humana, foram unidas para sempre em sua pessoa, o Deus-homem. Esse corpo preparado, que representa toda a humanidade, tornou possível o seu sacrifício expiatório exigido pela santidade de Deus.[26] No sofrimento e morte de Jesus, foi plenamente cumprida a vontade de Deus. Foi assim que a segunda e melhor aliança passou a operar.[27]

Quando clamou "Está consumado", Jesus declarou que seu sacrifício havia sido oferecido cabalmente em favor do pecador. Todas as sombras projetadas pela lei haviam encontrado sua realização plena e definitiva na cruz do Calvário. Por isso, ninguém pode aproximar-se de Deus sem passar pela cruz. A cruz de Cristo é a porta de entrada para a presença de Deus.

## A REMISSÃO DOS PECADOS

Certa feita, Martinho Lutero, o reformador do século 16, teve um sonho no qual Satanás aparecia com uma lista de pecados e fazia

---

[25] OLYOTT, S. *A carta aos Hebreus*, p. 86.
[26] WILEY, O. H. *Comentário exaustivo da carta aos Hebreus*, p. 425.
[27] OLYOTT, S. *A carta aos Hebreus*, p. 91.

terríveis acusações. No sonho, Lutero admitiu ter cometido todos aqueles pecados, mas acrescentou: "Estou livre de condenação, pois o sangue de Jesus me purifica de todo pecado".

O sangue é um fio escarlate que percorre toda a Bíblia. Não há remissão de pecados sem derramamento de sangue. O sangue de animais não pode limpar o coração humano. Ele apenas apontava para o sangue do Cordeiro de Deus que tira o pecado do mundo. Por meio da morte de seu Filho, Deus removeu o pecado e a culpa do ser humano para que este tenha plena comunhão com Ele.[28] O sacrifício da cruz é o meio do perdão e da reconciliação com Deus e, ao mesmo tempo, o meio da purificação interna, removendo o pecado e abrindo-nos a porta da plena comunhão com Deus e com os irmãos.[29]

Ainda continuamos sujeitos ao pecado, mas temos a promessa da purificação pelo sangue de Jesus: "Se, porém, andarmos na luz, como ele está na luz, mantemos comunhão uns com os outros, e o sangue de Jesus, seu Filho, nos purifica de todo pecado" (1João 1:7). Seremos iguais a Jesus, livres do pecado, somente na glorificação. Agora, porém, nós que andamos na luz temos a purificação em seu sangue. Andar na luz, portanto, é confessar o pecado. Quando andamos na luz, temos provisão divina para nos limpar de todo e qualquer pecado. Essa provisão é o sangue de Jesus, o Filho de Deus.

O segredo do poder desse sangue é que foi derramado pelo Filho de Deus, imaculado, perfeito e sem pecado algum. O sangue humano comum está contaminado pela corrupção do pecado. Assim como um leopardo não pode tirar suas manchas, não podemos igualmente fazer o bem, estando acostumados a fazer o mal (Jeremias 13:23). Nossa natureza é inclinada para o mal. Nosso coração é um laboratório de maldade. Dele procedem os maus desígnios. A morte de um ser humano qualquer não tem poder para limpar ou remover a culpa de outros seres humanos. Jesus,

---

[28] KISTEMAKER, S. *Tiago e epístolas de João*, p. 324.
[29] BONNET, L.; SCHROEDER, A. *Comentario del Nuevo Testamento*, p. 309.

porém, sendo Filho de Deus, derramou na cruz sangue isento de pecado e puro. Por isso, era eficaz para remir os nossos pecados.[30]

A purificação dos nossos pecados vai além do mero perdão: ela apaga a mancha do pecado. Esse é um processo continuado. O sacrifício de Cristo foi eficaz não apenas para perdoar pecados passados, mas também para nos purificar no presente, no dia a dia.

O sangue de Jesus é suficiente para nos limpar profunda e totalmente. Nenhuma terapia humana, nenhum rito religioso pode purificar o ser humano de seu pecado. Nenhum esforço humano nem obra de caridade podem operar essa limpeza em nós. Somente o sangue de Jesus, o Filho de Deus, pode nos lavar, nos purificar e nos tornar aceitáveis ao Pai.

Digno de observar é o fato de que o sangue de Jesus purifica não apenas alguns pecados, mas todo pecado. Assim, não há causa perdida para Deus. Não há pecador irrecuperável para Deus. Não há pecado imperdoável para Deus, exceto a blasfêmia contra o Espírito Santo. Quando Jesus falou sobre a blasfêmia contra o Espírito Santo (Mateus 12:31-32; Marcos 3:29-30), não estava se referindo a um pecado vago, mas à decisão consciente e deliberada de atribuir a obra de Deus ao poder de Satanás. Os fariseus acusavam Jesus de expulsar demônios pelo poder de Belzebu, o maioral dos demônios. Por inveja, eles atribuíam as obras de Cristo, feitas pelo poder do Espírito Santo, ao poder do maioral dos demônios. Esse pecado de satanizar Jesus é classificado como blasfêmia contra o Espírito Santo, e não tem perdão nem neste mundo nem no vindouro. De fato, esses blasfemos não encontram perdão porquanto negam o único caminho de reconciliação com Deus.

O Juiz de toda a Terra não pode apagar o pecado de modo leviano. A cruz é, de fato, absolutamente a única base moral sobre a qual Deus pode perdoar o pecado, pois ali o sangue de Jesus, seu Filho, foi derramado para que fosse propiciação por nossos

---

[30] LOPES, A. N. *Primeira carta de João*, p. 36-37.

pecados (1João 2:2). João diz que quando confessamos nossos pecados, Deus "é fiel e justo para nos perdoar os pecados e nos purificar de toda injustiça" (1:9). Ele é fiel para perdoar porque prometeu fazê-lo, e justo porque seu Filho morreu por nossos pecados.[31]

O teólogo alemão Werner de Boor expressa com clareza essa ideia:

> Como Deus pode ser justo ao apagar o pecado? Jamais poderíamos imaginar ou experimentar isso se o perdão consistisse em um "dito" de Deus. Contudo, ele reside em uma ação de seriedade absoluta e suprema justiça. "Aquele que não conheceu pecado, ele o fez pecado por nós; para que, nele, fôssemos feitos justiça de Deus" (2Coríntios 5:21). Todo pecado foi julgado e punido no Cabeça da humanidade, Cristo. Deus é justo ao não vingar o pecado pela segunda vez em nós quando aceitamos Jesus como nosso substituto pela fé.[32]

Quando Cristo foi à cruz, Deus lançou sobre Ele a iniquidade de todos nós. Ele foi moído pelos nossos pecados e traspassado pelas nossas iniquidades. Ele pegou o escrito de dívida que era contra nós, anulou-o, rasgou-o e o encravou na cruz. Ele bradou do topo da cruz: "Está consumado!"; "Está pago!". O ser humano agora não deve mais nada.

## O CUMPRIMENTO DAS EXIGÊNCIAS DA LEI

Em Lucas 10, lemos o relato de um doutor da lei, um experimentado professor de teologia, um perito hermeneuta. Ele se aproxima de Jesus com uma pergunta: "Mestre, que farei para herdar a vida eterna?" (v. 25). Na mente desse doutor, a vida eterna era uma conquista das obras, e não uma oferta da graça. Apesar de sua formação teológica, o entendimento que esse homem tinha sobre

---
[31] STOTT, J. *I, II, III João*, p. 68.
[32] BOOR, W. de. *Cartas de João*, p. 319.

a lei era equivocado. O texto levanta a ponta do véu e mostra o engano teológico do intérprete da lei evidenciado em sua própria pergunta. Para ele, a salvação era uma questão de merecimento humano, e não uma dádiva divina.

Em vez de dar uma resposta direta, Jesus lhe fez outra pergunta: "Que está escrito na Lei? Como interpretas?". Uma vez que o homem era intérprete da lei, Jesus devolve-o à lei. Esta foi sua resposta: "Amarás o Senhor, teu Deus, de todo o teu coração, de toda a tua alma, de todas as tuas forças e de todo o teu entendimento; e: Amarás o teu próximo como a ti mesmo" (v. 27).

O doutor da lei podia conhecer a lei, mas não conhecia seu propósito; tampouco conhecia a si mesmo. Se conhecesse, saberia que nenhum filho de Adão é capaz de guardar a lei, uma vez que a lei é perfeita e o ser humano é pecador. A lei não nos foi dada para a salvação, mas para revelar nossa condenação. Pelo padrão da lei, é impossível ao ser humano ser salvo, uma vez que a lei exige uma perfeita relação do indivíduo com Deus e com o próximo. A lei exige perfeição absoluta, e ninguém é capaz de atender às suas demandas.

O comentário de Jesus à resposta do doutor é esclarecedor: "Respondeste corretamente; faze isto e viverás" (v. 28). Se o doutor queria saber o que deveria fazer para herdar a vida eterna, ou seja, se queria fugir da graça para seguir pelo caminho das obras, então deveria ser perfeito. A obediência plena à lei seria o caminho para a vida eterna. Contudo, quem pode guardar a lei? Quem é apto para cumpri-la? Quem pode alcançar esse padrão de perfeição absoluta?

O ser humano não é capaz guardar a lei, por ser pecador. Por isso, está debaixo de maldição (Gálatas 3:13). A lei é perfeita e exige do indivíduo igual perfeição. Se tropeçar num único ponto, a pessoa se torna culpada de *toda* a lei (Tiago 2:19).

A lei revela a inescapável realidade do pecado, a natureza maligna do pecado, a força mortal do pecado e a culpa irremediável do pecado.[33] De maneira alguma a lei torna alguém pecador,

---

[33] BURROWS, W. *Romans*, p. 94-95.

mas ela revela o pecador como tal.[34] Ela é como uma radiografia: mostra nosso pecado, mas não o remove. Ela não pode justificar os pecadores porque sua função é revelar e condenar os pecados. E a razão pela qual a lei nos condena é que nós a quebramos.[35]

Dessa forma, a lei possibilita não a salvação, mas a ira de Deus (Romanos 4:15). A lei não foi dada com o propósito de justificar o ser humano, mas com o fim de provar sua culpa. Na mesma linha de pensamento, Lutero escreve:

> O principal motivo da lei é fazer que os homens sejam não melhores, mas piores; quer dizer, ela lhes mostra o seu pecado para que, a partir desse conhecimento, eles possam ser humilhados, aterrorizados, esmagados e quebrantados, e, dessa forma, sejam levados a sair em busca da graça e chegar assim àquela Semente abençoada [Cristo].[36]

A lei apenas faz o diagnóstico, mas não é o remédio. A lei é como um espelho: aponta nossa sujeira, mas não a remove. É como um prumo: identifica a sinuosidade de uma parede, mas não a endireita. É como um farol: mostra o obstáculo do caminho, mas não o remove. É como um raio-X: revela a fratura, mas não a conserta. É como um termômetro: diz quando uma pessoa está com febre, mas não a cura. A lei é boa quando usada para produzir convicção de pecado, mas é impotente para salvar do pecado. Seu papel é mostrar nosso pecado, tomar-nos pela mão e nos levar ao Salvador. Somente após sermos condenados pela lei, estaremos prontos para ouvir o magnífico "mas" que anuncia como Deus interveio, por intermédio de Cristo e sua cruz, para a nossa salvação.[37]

E este é o "mas": aquilo que nós não podemos fazer, Deus fez por nós em Cristo. O Filho de Deus tornou-se nosso representante

---

[34] POHL, A. *Carta aos Romanos*, p. 67.
[35] STOTT, J. *Romanos*, p. 118.
[36] LUTERO, M. *Commentary on Saint Paul's Epistle to the Galatians*, p. 316.
[37] STOTT, J. *Romanos*, p. 119.

e fiador. A lei que dava legitimidade à nossa acusação foi cumprida e também pregada na cruz (Colossenses 2:14). Jesus não somente levou nossos pecados sobre a cruz (1Pedro 2:24), mas também levou a lei e a encravou na cruz. A lei que era contra nós, porque era impossível que a cumpríssemos, foi também crucificada. Agora, estamos debaixo da graça, e não da lei. "Está consumado", disse Jesus. A lei divina foi cumprida em nosso favor.

Por meio do seu Filho, Deus revogou a lei como meio de salvação e como maldição que pendia sobre a nossa cabeça. Em certo sentido, essa lei que trazia a lista das nossas dívidas, as acusações contra nós e a sentença da nossa condenação foi pregada na cruz. Deus anulou a lei quando seu Filho satisfez completamente sua demanda de perfeita obediência. A lei foi cravada com Cristo na cruz. Ela morreu quando Ele morreu. E, por causa da natureza vicária do sacrifício de Cristo, os cristãos já não estão debaixo da lei, mas da graça.[38]

Pela morte de Cristo, somos libertos de todas as exigências da lei e da escravidão do pecado. Enquanto a lei nos governa, não há a menor possibilidade de sermos libertados da escravidão do pecado. A única alternativa para vivermos livres é sermos desobrigados de cumprir cabalmente a lei. Isso ocorre em nossa união com Cristo em sua morte, pois toda a virtude da morte dele, ao satisfazer as reivindicações da lei, torna-se nossa, e somos livres da escravidão e do poder do pecado a que estávamos consignados pela lei.[39]

## A SATISFAÇÃO DA JUSTIÇA DIVINA

A cruz de Cristo foi o ato da justificação efetuada por Deus, uma vez que, na cruz, Deus satisfez plenamente sua justiça violada. Se a ira de Deus se revela do céu contra toda impiedade e perversão da humanidade (Romanos 1:18), no evangelho, a justiça de Deus se revela para a salvação de todo o que crê (v. 17).

---

[38] HENDRIKSEN, W. *Colosenses y Filemon*, p. 142-143.
[39] MURRAY, J. *Romanos*, p. 270.

A Bíblia nos faz saber que espiritualmente pendia contra nós uma lista de acusações que "constava de ordenanças" (Colossenses 2:14). A palavra grega traduzida por "ordenanças" (*dogmasin*) significa "ordens de tribunal ou juiz".[40] A palavra ainda se refere a uma ordem oficial, promulgada em forma de lei ou edito, e afixada num local público para que todos os passantes pudessem ver.[41]

A base da condenação do réu é a absoluta justiça de Deus, uma vez que sua lei foi violada e sua justiça não foi satisfeita. Assim, todas as pessoas em todo o mundo estão debaixo do pecado e são consideradas culpadas no tribunal de Deus. Paulo pinta esse quadro com cores dramáticas e amedrontadoras:

> Ora, sabemos que tudo o que a lei diz, aos que vivem na lei o diz para que se cale toda boca, e todo o mundo seja culpável perante Deus, visto que ninguém será justificado diante dele por obras da lei, em razão de que pela lei vem o pleno conhecimento do pecado. [...] pois todos pecaram e carecem da glória de Deus (Romanos 3:19,20,23).

Todo mundo está em pé diante de Deus, o Juiz. Os registros são lidos e, à medida que são lidos, a cada um dos acusados é dada a oportunidade de responder às acusações feitas contra si. Entretanto, à medida que sua culpa vai sendo exposta, ele não tem o que responder. Sua boca é silenciada.[42] O réu ouvirá sua sentença mudo, sem nenhuma palavra em sua própria defesa. Sua causa é indefensável, sua culpa é notória e sua condenação é justa.

Deus é justo e não pode tolerar o mal. O pecado é treva, e Deus é luz. O pecado é sujo, e Deus é santo. O pecado é maligno, e Deus é benigno. O pecado separa a humanidade de Deus. Por si mesmo, o ser humano não pode aproximar-se do Deus santo nem cumprir

---

[40] SHEDD, R. *Andai nele*, p. 52.
[41] RIENECKER, F.; ROGERS, C. *Chave linguística do Novo Testamento grego*, p. 426.
[42] HENDRIKSEN, W. *Romanos*, p. 166.

as exigências da sua lei. Por seus esforços, pessoa alguma consegue satisfazer as demandas da justiça divina. Assim, o pecador está sem esperança e condenado. A justiça de Deus só pode vir mediante a fé em Cristo.

A justificação não é alcançada pelas obras da lei, mas pela fé na obra de Cristo. Não é a obra que fazemos para Deus que nos salva, mas a obra que Deus fez por nós em Cristo que nos traz a vida eterna. Não é nossa justiça que nos recomenda a Deus, mas a justiça de Cristo a nós imputada. O Justo justifica o injusto. O injusto, que não tem justiça própria, é justificado ao confiar na justiça de Jesus Cristo, o Justo. A justiça de Deus que se revela no evangelho é a justiça de Cristo imputada a nós. Essa justiça é uma dádiva de Deus, e não uma conquista humana.

Essa justiça vai além do perdão. Quando um soberano perdoa um criminoso, esse não é um ato de justiça, pois não está fundamentado no cumprimento e na satisfação da lei. Trata-se de um gesto de benevolência e misericórdia. A justificação, porém, está sobre o fundamento de uma expiação. Na justificação, a penalidade da lei não é suspensa, mas executada. Sendo justo, Deus não poderia apenas perdoar o pecador sem vindicar sua justiça. Ele não fez vistas grossas ao pecado; ao contrário, puniu o pecado em Cristo. Assim, somos isentos da lei não pela revogação das ordenanças, mas por seu cumprimento. Quando Deus justifica um pecador, Ele simplesmente declara que a culpa foi expiada, a justiça foi satisfeita e ele possui o padrão de justiça que a justiça divina exige.

Consequentemente, a justificação envolve não só o perdão de todos os pecados presentes, passados e futuros, mas também a restauração do favor de Deus, que implica a remoção de toda a culpa e de todo o castigo. Cristo não apenas cancelou a nossa dívida, pagando-a completamente por meio do seu sacrifício substitutivo, mas também Deus depositou em nossa conta a infinita justiça de Cristo, de tal forma que estamos completamente quites com a lei e com a justiça divina. O perdão é a imputação da nossa dívida a Cristo. A justificação é a imputação da justiça de Cristo a nós.

John Stott descreve essa gloriosa verdade nos seguintes termos:

> Parece legítimo afirmar, portanto, que "a justiça de Deus" é a iniciativa justa tomada por Deus ao justificar os pecadores consigo mesmo, concedendo-lhes uma justiça que não lhes pertence, mas que vem do próprio Deus. "A justiça de Deus" é a justificação justa do injusto, sua maneira justa de declarar justo o injusto, pela qual ele demonstra sua justiça e, ao mesmo tempo, nos confere justiça. Ele o fez por intermédio de Cristo, o justo, que morreu pelos injustos.[43]

Agora, deixamos de ser réus e filhos da ira. Tornamo-nos filhos amados. Somos membros da família de Deus. Somos seus herdeiros, sua herança e seu deleite. Quando pecamos, não perdemos nossa filiação, pois quando confessamos os nossos pecados, Deus é fiel e justo para nos perdoar os pecados e nos purificar de toda injustiça.

No mundo antigo, quando se cancelava uma lei, um decreto ou uma prescrição, eles eram fixados em uma tábua com um cravo. Na cruz de Cristo foi crucificada a nossa lista de dívidas (Colossenses 2:14). Todas as acusações que pesavam contra nós foram pregadas ali. Nossas acusações foram executadas; foram eliminadas como se nunca tivessem existido. Em sua misericórdia, Deus destruiu, prescreveu e eliminou todos os registros das nossas dívidas.[44]

## A DESTRUIÇÃO DO PODER DE SATANÁS

Jesus não somente lidou com o pecado e com a lei na cruz, mas também com Satanás. Jesus despojou os principados e potestades e os fez cativos, triunfando sobre esses poderes satânicos.

A vitória de Jesus sobre o Diabo é anunciada de forma seminal desde Adão e Eva, quando Deus lhes disse que da semente da mulher haveria de nascer aquele que esmagaria a cabeça da

---

[43] STOTT, J. *Romanos*, p. 68.
[44] BARCLAY, W. *Filipenses, Colosenses, I y II Tesalonicenses*, p. 152.

## VITÓRIA

serpente (Gênesis 3:15). Jesus veio ao mundo para destruir as obras do Diabo (1João 3.8), amarrar o valente e saquear sua casa (Mateus 12:29), arrancar-nos da potestade de Satanás (Atos 26:18) e resgatar-nos do império das trevas (Colossenses 1:13). Jesus esmagou a cabeça da serpente ao assumir o nosso lugar e morrer por nós como nosso representante e fiador. Cristo derrotou o Diabo na cruz e expôs os principados e potestades ao desprezo (Colossenses 2.15).

Ao consumar sua obra, Jesus garantiu duas vitórias.

Em primeiro lugar, *Jesus destruiu o Diabo*. Na cruz, Jesus despojou os principados e potestades e os fez cativos, triunfando sobre esses poderes satânicos (Colossenses 2:13,15). Jesus quebrou de uma vez por todas o poder dos principados e das potestades. Ele os expôs à vergonha pública e os levou cativos em sua carreira triunfal. Raymond Brown escreve: "O Novo Testamento deixa claro que a vinda de Jesus foi o começo do fim do Diabo".[45]

A vitória de Cristo é cósmica. Durante marcha triunfal de Jesus os poderes do mal sofreram um golpe definitivo que todos podem contemplar.[46] O pastor Russell Shedd descreve o triunfo de Cristo sobre as hostes do mal com as seguintes palavras:

> Os poderes do mal tentaram destruir Jesus, publicamente, pela rejeição do povo, que gritava: "Crucifica-o!" e pelo poder político dos líderes israelitas, com a concordância de Roma (Atos 2:23). Justamente na hora da maior vitória das trevas sobre o Senhor da glória, Ele rompeu os grilhões da morte, demonstrando sua vitória sobre o poder do pecado na sua expiação na cruz e sobre a morte pela ressurreição.[47]

Satanás, equivocadamente, pensava que a cruz seria o seu triunfo sobre Jesus, mas foi sua mais consumada derrota. Agora,

---

[45] BROWN, R. *The message of Hebrews*, p. 69.
[46] BARCLAY, W. *Filipenses, Colosenses, I y II Tesalonicenses*, p. 153.
[47] SHEDD, R. *Andai nele*, p. 53.

os seguidores do Cordeiro vencem o Diabo com o sangue do Cordeiro (Apocalipse 12:11). Na mesma medida em que Jesus foi entronizado, Satanás foi destronado.

O teólogo canadense Donald Carson diz corretamente que qualquer poder residual que o príncipe deste mundo ainda desfrute é restringido pelo Espírito Santo, o Consolador (João 16:11).[48] Ainda que Satanás esteja vivo e ativo, a vitória de Jesus na cruz o tornou inoperante. Ainda que Satanás não tenha sido aniquilado, está desarmado.[49] Ainda que Satanás esteja presente no mundo, Jesus já decretou a sua derrota final. Satanás está perdido. Sua causa está perdida. Não há mais perspectiva de vitória para ele.[50]

Em segundo lugar, *Jesus destruiu o poder da morte*. A Bíblia nos informa que o Diabo tem o poder da morte (Hebreus 2:14). O poder de Satanás quanto à morte se dá pelo fato de que ele é o autor do pecado (João 8:44), e que o pecado leva à morte (Romanos 6:23). É óbvio que a autoridade final sobre a morte não está nas mãos de Satanás, e sim nas mãos de Deus e de Cristo. Satanás não pode fazer coisa alguma se Deus não o permitir.

Mas agora, podemos declarar: "Onde está, ó morte, a tua vitória? Onde está, ó morte, o teu aguilhão?" (1Coríntios 15:55). Ao morrer, Jesus matou a morte, pois arrancou dela seu aguilhão. Também sabemos que nada, nem mesmo a morte, pode nos separar do amor de Deus que está em Cristo Jesus (Romanos 8:38-39). Jesus matou a morte com sua morte, pois Ele é a ressurreição e a vida. No céu, para onde vamos, a morte não mais existirá (Apocalipse 21:4).

A cruz foi a maior missão de resgate do mundo. Cristo nos resgatou da casa do valente, do império das trevas e da potestade de Satanás. Ele arrebentou o nosso cativeiro. Tirou-nos da escravidão com mão forte e poderosa. Éramos escravos da carne, do mundo e do Diabo, e Ele nos tornou livres. Estávamos mortos em nossos

---

[48] CARSON, D. A. *O comentário de João*, p. 443.
[49] WIERSBE, W. W. *Comentário bíblico expositivo*. v. 6, p. 366.
[50] LOPES, A. N. *Hebreus*, p. 53.

delitos e pecados, e Ele nos deu vida. Estávamos perdidos e fomos achados. Cristo verdadeiramente nos tornou livres.

É importante afirmar que o preço desse resgate não foi pago a Satanás, como equivocadamente ensinam alguns estudiosos. Esse preço foi pago a Deus. Deus providenciou o sacrifício e recebeu a oferta. Pelo sangue de Cristo, Deus propiciou a si mesmo. A cruz foi a justificação de Deus.[51]

## A OBRA CONSUMADA DA SALVAÇÃO

A salvação é uma obra consumada. A salvação não é um caminho que abrimos da Terra para o céu, mas o caminho que Deus abriu do céu para a Terra. A salvação foi uma obra que o Pai confiou ao Filho, o qual veio e a terminou. Temos a salvação pela completa obediência de Jesus e pelo seu sacrifício vicário. Na cruz, Ele bradou: "Está consumado!". Não nos resta mais nada a fazer. Jesus se submeteu totalmente à vontade do Pai para entrar na morte a fim de remover a maldição, cumprir a sentença pronunciada contra seu povo e redimi-lo. Por causa da expiação de Cristo e da vitória sobre a morte e a sepultura, nunca conheceremos o peso do pecado, a severidade da maldição, a pena do julgamento ou o significado da morte eterna e do inferno. Fomos inocentados e libertos por causa de Jesus, nosso sumo sacerdote.[52]

A salvação não é pelas obras nem é merecimento humano, é graça divina. Não é alcançada como prêmio, mas recebida como presente. Não é o que fazemos para Deus, mas o que Ele fez por nós. A fé é o braço estendido de um mendigo para receber o presente de um rei. Jesus comprou nossa salvação a preço de sangue, seu próprio sangue. Não nos resta pagar nada por ela. Visto que Ele reivindicou que tudo estava consumado, não há nada há que possamos contribuir.[53]

---

[51] LLOYD-JONES, D. M. *A cruz, a justificação de Deus*, p. 14.
[52] KISTEMAKER, S. *Hebreus*, p. 197-198.
[53] STOTT, J. *A cruz de Cristo*, p. 208.

*O legado da cruz*

O apóstolo Paulo alerta para o fato de que a gratuidade da salvação pode ser pedra de tropeço para alguns. Aqueles que buscam a justificação pela fé, a encontram; os que a procuram pelas obras, são confundidos (Romanos 3:32-33). Para estes, a cruz se torna pedra de tropeço. A grande questão é: por que as pessoas tropeçam na cruz? Porque a cruz corrói os alicerces da nossa justiça própria. Afinal, se a justiça vem pela lei, Cristo morreu em vão (Gálatas 2:21). Só há duas possíveis atitudes em relação a Jesus: vê-lo como pedra de esquina ou pedra de tropeço; vê-lo como rochedo da salvação ou rocha de escândalo. Quem confia em sua justiça própria, em suas boas obras, não pode abraçar a salvação oferecida por Cristo.

A vitória da cruz também é uma vitória sobre o orgulho humano. Conforme diz John Stott, "Ressentimos a ideia de que não podemos ganhar — nem mesmo contribuir — para a nossa própria salvação". Deste modo, continua ele, "temos de nos humilhar ao pé da cruz, confessar que pecamos e nada merecemos de suas mãos a não ser o juízo, agradecer-lhe o nos ter amado e morrido por nós, e receber dele um perdão completo e gratuito".[54]

---

[54] STOTT, J. *A cruz de Cristo*, p. 208.

SÉTIMA PALAVRA

# RENDIÇÃO

> "Pai, nas tuas mãos entrego o meu espírito."
>
> LUCAS 23:46

A morte de Cristo é o fato mais importante do cristianismo. No relato bíblico, porém, nenhum dos evangelistas diz: "Jesus morreu". Isso, talvez, seja a maneira de eles ressaltarem a verdade de que na morte de Jesus havia algo totalmente fora do comum.[1] A última palavra de Cristo na cruz indica a singularidade dessa morte: "Pai, nas tuas mãos entrego o meu espírito!" (Lucas 23:46). Não apenas os termos utilizados para descrever o fim do sofrimento do Messias atestam sua morte excepcional, como os fenômenos que se seguiram indicam isso também: um terremoto abala a cidade de Jerusalém; túmulos se abrem; mortos ressuscitam; o véu do templo se rasga e um centurião romano professa a divindade de Jesus.

Não devemos entender o brado final de Cristo como um grito de desespero, mas como o grito de triunfo de quem estava finalizando a obra da redenção ao custo infinito de sua morte.[2] Jesus estava consumando sua obra, esmagando a cabeça da serpente, triunfando sobre o Diabo e suas hostes e comprando-nos para Deus. Ele morre como um vencedor. Jesus não foi morto; Ele voluntariamente deu sua vida. Ele não morreu como um mártir; Ele se entregou como sacrifício pelos pecados do seu povo. Qualquer pensamento de derrota é abafado pela força surpreendente do último brado da cruz.

## A PALAVRA DE RENDIÇÃO

A sétima e última palavra de Cristo na cruz demonstra um ato de plena confiança, serenidade e segurança no Pai. Vemos aqui o

---
[1] MORRIS, L. L. *Lucas*, p. 310.
[2] TRENCHARD, E. *Una exposición del Evangelio según Marcos*, p. 209.

Salvador outra vez de volta à comunhão com o Pai. Por mais de doze horas, Jesus estivera nas mãos dos homens. Ele falou disso aos discípulos tempos antes, quando lhes anunciou a sua morte: "O Filho do Homem está para ser entregue nas mãos dos homens; e estes o matarão" (Mateus 17:22-23); e também às portas da cruz, no Getsêmani: "Eis que é chegada a hora, e o Filho do Homem está sendo entregue nas mãos de pecadores" (Mateus 26:45). Os anjos também fizeram referência a isso na manhã da ressurreição, quando disseram às mulheres: "Lembrai-vos como vos falou, estando ainda na Galileia, dizendo: Convém que o Filho do homem seja entregue nas mãos de homens pecadores, e seja crucificado, e ao terceiro dia ressuscite" (Lucas 24:6-7).

Cristo poderia ter evitado a prisão, mas não foi o que Ele fez. Antes, Ele entregou-se nas mãos dos pecadores e morreu como um cordeiro. Agora, porém, tudo está acabado. O homem fizera o seu pior. A cruz fora suportada; a obra designada está terminada.[3] Voluntariamente o Salvador havia se entregado às mãos dos pecadores, e agora, voluntariamente, Ele entrega seu espírito nas mãos do Pai.

O escritor Arthur Pink pinta com belas cores esse último quadro da cruz:

> Que bendito contraste! Nunca mais Ele estará de novo nas "mãos dos homens". Nunca mais estará Ele à mercê do ímpio. Nunca mais sofrerá vergonha. Nas mãos do Pai Ele se entrega, e o Pai agora tomará conta de seus interesses.[4]

A oração final que Jesus tem nos lábios provém de Salmos 31:5: "Nas tuas mãos, entrego o meu espírito; tu me remiste, SENHOR, Deus da verdade". Esse verso era a oração que as mães judias piedosas ensinavam seus filhos a fazerem antes de dormirem. Ao acrescentar a palavra "Pai" à oração tradicional, Jesus fala não só de

---

[3] PINK, A. W. *Os sete brados do Salvador sobre a cruz*, p. 80.
[4] PINK, A. W. *Os sete brados do Salvador sobre a cruz*, p. 81

confiança, mas da segurança de uma criança que dorme nos braços do seu pai.[5] Se Ele estava acostumado a repetir essas palavras antes de dormir, agora Ele as disse pela última vez.[6] A luta havia terminado e a batalha estava conquistada. Mesmo pendendo sobre a cruz, Cristo experimentava a alegria da vitória, e pôde finalmente descansar com o Pai. Até na hora de sua morte, Jesus está no controle. Seu espírito não lhe foi tomado; Ele mesmo o rende. Ele voluntariamente se entrega aos cuidados do Pai.

Jesus não morreu porque estava cansado de lutar. Ele não morreu porque sentiu as forças se esvaindo de seu corpo. Ele mesmo escolheu render o espírito. Sua luta havia terminado. Não havia mais trabalho a fazer. Ele entrou no descanso santo de seu Pai.

A palavra usada por Lucas para descrever a morte de Jesus é *expirar*: "E, dito isto, expirou". Essa não é a palavra normalmente usada em grego para dizer que alguém morreu, o que indica que sua morte não foi como a de outras pessoas. No Evangelho de João, o evangelista, por sua vez, diz que Jesus, "inclinando a cabeça, rendeu o espírito" (19:30). Essa expressão é usada nos outros Evangelhos para indicar que uma pessoa está dormindo (Mateus 8:20; Lucas 9:58). A frase tem o sentido de reclinar a cabeça sobre o travesseiro, e talvez queira deixar implícito que Jesus inclina sua cabeça voluntariamente, pronto para dormir o sono da morte.[7]

A palavra "dormir" era comumente usada no mundo antigo como um eufemismo para a morte. Esse emprego é feito tanto no Antigo quanto no Novo Testamento (veja, por exemplo Gênesis 47:30; 1Reis 22:40; Atos 7:60; 1Coríntios 7:39). É importante notar que, na hora da morte, não é a alma que dorme, mas o corpo. A doutrina da aniquilação do ímpio e do sono da alma está em desacordo com o ensino das Escrituras. Na hora da morte, o corpo, feito do pó, volta ao pó, mas o espírito volta para Deus

---

[5] BARCLAY, W. *William Barclay's Daily Study Bible*. Luke 23:44-49.
[6] BRUCE, F. F. *João*, p. 320.
[7] BRUCE, F. F. *João*, p. 320.

(Eclesiastes 12:7). A figura do sono, portanto, é usada em relação ao corpo, e não em relação ao espírito.

Essa figura do sono enseja-nos três verdades:

*Primeira*, o sono é símbolo de descanso. A Bíblia diz que aqueles que morrem no Senhor são bem-aventurados porque descansam de suas fadigas (Apocalipse 14:13).
*Segunda*, o sono pressupõe renovação. O corpo da ressurreição será um corpo incorruptível, imortal, poderoso, glorioso e celestial; semelhante ao corpo da glória de Cristo.
*Terceira*, o sono implica expectativa de acordar. O mesmo corpo que desceu à tumba sairá dela ao ressoar da trombeta de Deus.

## O VÉU DO SANTUÁRIO SE RASGOU

Os três Evangelhos sinóticos registram que, à hora da morte de Jesus, o véu do santuário rasgou-se ao meio (Mateus 27:51; Marcos 15:38; Lucas 23:45). Isso se deu por volta das 15 horas, quando sacerdotes certamente oficiavam no templo. Se notaram ou não o fato, não sabemos, mas os evangelistas o registram como um evento que aconteceu de forma tanto literal como simbólica.

O tabernáculo, construído sob a orientação de Moisés no deserto, e também os templos, erguidos posteriormente sob o domínio de Salomão e Zorobabel, possuíam, de forma geral, três partes distintas: o pátio exterior, o Lugar Santo e o Santo dos Santos. O pátio exterior era onde as ofertas eram entregues aos sacerdotes e os animais eram sacrificados. Nesse pátio ficava o grande altar de bronze. Foi daqui que Jesus expulsou os vendedores e purificou a casa de Deus.

No meio do pátio elevava-se o santuário, composto pelo Lugar Santo e pelo Santo dos Santos. No Lugar Santo ficavam a mesa dos pães da proposição, o candelabro e o altar de incenso, os três feitos de ouro. Apenas os sacerdotes tinham acesso ao Lugar Santo e entravam ali com frequência. Diariamente, de manhã e à noite, ministravam diante do candelabro, mantendo a luz acesa

(Levítico 24:3-2). Também entravam semanalmente para trocar os pães da proposição que ficavam sobre a mesa de ouro (v. 8). Era nesse local que Zacarias oficiava, queimando o incenso sagrado, quando o anjo lhe apareceu para anunciar o nascimento de João Batista (Lucas 1:9-11).

De frente para o altar de incenso ficava o véu que dava acesso ao Santo dos Santos. No tabernáculo, esse véu tinha cerca de 15 metros de largura por 5 metros de altura.[8] Era um fino trabalho de bordado. Fios de azul, púrpura e escarlate entreteciam-se numa tela de linho branco, de tal modo que essas cores formavam um conjunto de querubins, os anjos guardiões da santidade de Deus, que pareciam fechar simbolicamente a passagem para o Santo dos Santos.[9]

Atrás do véu ficava a arca da aliança, o objeto mais sagrado do templo. A arca da aliança era o símbolo da presença e a glória de Deus. Onde estava a arca, a glória de Deus se manifestava. Onde estava a arca, Deus falava.

Sobre a tampa da arca, o propiciatório, era aspergido sangue para a expiação dos pecados do sacerdote e do povo. Apenas o sumo sacerdote podia entrar nesse lugar, e poderia fazê-lo somente uma vez por ano, no Dia da Expiação. Ele tomava o incensário cheio de brasas de fogo e dois punhados de incenso aromático bem moído e os levava para dentro do véu (Levítico 16:12).

A existência do véu entre o Lugar Santo e o Santo dos Santos indicava que o caminho que levava à presença de Deus não estava aberto. A lei cerimonial judaica fazia-se necessária para garantir o favor de Deus e o perdão dos pecados, e para possibilitar a permanência de um Deus santo em meio a adoradores impuros.

Quando Jesus expirou, o véu se rasgou milagrosamente no templo. Os evangelistas são precisos ao especificar que o véu se rasgou em duas partes de alto a baixo. O famoso pregador inglês Charles Spurgeon vê nisso, de maneira poética, uma expressão de luto da

---

[8] CHAMPLIN, R. N. *O Antigo Testamento interpretado*. v. 1, p. 513.
[9] HENDRIKSEN, W. *Mateus*. v. 2, p. 667.

casa de Deus. Uma vez que os homens no Oriente expressavam seu luto rasgando suas vestes, a casa de Deus rasgou-se quando seu Senhor morreu, em simpatia por Aquele que é o verdadeiro templo de Deus.[10]

O véu rasgado significa a abolição e o término de toda a lei cerimonial judaica. Significa que o Santo dos Santos está aberto para toda a humanidade por meio da morte de Cristo. Com isso, as restrições étnicas do templo em Jerusalém não mais vigoram. O resgate pago por Jesus é válido tanto para gentios como para judeus. Seu sacrifício foi perfeito, cabal e irrepetível. A porta do céu está aberta a todos em Cristo. Judeus e gentios têm livre acesso a Deus por meio de Cristo.

O teólogo Warren Wiersbe é oportuno quando diz que o milagre do véu rasgado de alto a baixo anunciou aos sacerdotes e ao povo que o acesso à presença de Deus estava aberto a todos os que se aproximassem dele pela fé em Jesus Cristo. Os pecadores não precisam mais de templos, altares, sacrifícios e sacerdotes para se achegarem a Deus, pois todas essas coisas se cumpriram na obra consumada do Filho de Deus.[11] Fritz Rienecker, pastor e teólogo alemão, esclarece esse ponto:

> O culto sacrificial do Antigo Testamento fora suspenso, o que acarretaria a decadência do templo judeu. Rasgando-se o véu, o templo deixava de ser a morada de Deus entre seu povo. Pela morte de Jesus, o templo, portanto, foi demolido, para que, ressuscitado após três dias, fosse edificado o novo templo. Para os sumos sacerdotes descrentes, a ruptura do véu visava ser um sinal de Deus de que aquele que fora rejeitado por eles de fato era o Cristo, o Filho de Deus, e que o templo e seu culto, ao qual defendiam fanaticamente, estava fadado ao desaparecimento.[12]

---

[10] SPURGEON, C. H. The Rent Veil.
[11] WIERSBE, W. W. *Comentário bíblico expositivo*. v. 5, p. 357.
[12] RIENECKER, F. *Evangelho de Lucas*, p. 459.

O autor bíblico da carta aos Hebreus fala do significado espiritual do véu que se rasgou e dos privilégios que isso representa para os crentes em Cristo.

Em primeiro lugar, *temos acesso irrestrito à presença de Deus*. Somente o sumo sacerdote podia entrar no Santo dos Santos e o fazia apenas uma vez por ano. Nós, porém, temos acesso livre à presença de Deus, como está escrito: "Tendo, pois, irmãos, intrepidez para entrar no Santo dos Santos, pelo sangue de Jesus [...] aproximemo-nos" (Hebreus 10:19). A santidade de Deus não nos mantém do lado de fora. Podemos entrar porque a penalidade que merecíamos foi carregada por Cristo na cruz quando Ele padeceu e morreu por nós. Existe acesso irrestrito a todo aquele que foi lavado no sangue de Cristo. O pastor Augustus Nicodemus é oportuno quando escreve:

> É isso que todas as religiões do mundo desejam. Chegar a Deus. E elas inventaram toda sorte de método e de artifícios, sacrifícios humanos, práticas de boas obras, seguir determinados rituais. Tantas religiões há no mundo quanto há métodos de sistemas diferentes, para tentar se chegar a Deus. O cristianismo é a única religião em que Deus vem ao mundo em seu Filho para morrer e levar o seu povo ao seu encontro. É nisso que cremos. Quando dizemos que somos cristãos, estamos afirmando que cremos que o acesso a Deus está aberto, mediante Jesus, para todo aquele que crê.[13]

Por meio de Cristo, Deus nos constituiu sacerdotes (1Pedro 2:9; Apocalipse 1:6). No Antigo Testamento, o povo de Deus *possuía* um sacerdócio. Agora, porém, o povo de Deus *é* um sacerdócio. Isso não significa que a igreja faz o papel de mediadora entre Deus e a humanidade, mas que todo cristão tem o privilégio de entrar na presença de Deus e executar as funções sacerdotais de apresentar sacrifícios de ações de graças, adoração e louvor a Deus (Romanos 12:1; Hebreus 13:5; 1Pedro 2:5).[14]

---

[13] LOPES, A. N. *Hebreus*, p. 218.
[14] LADD, G. *Apocalipse*, p. 23.

Em segundo lugar, *temos um novo e vivo caminho para Deus.* O autor aos Hebreus diz que temos intrepidez para entrar no Santo dos Santos "pelo novo e vivo caminho que ele nos consagrou pelo véu, isto é, pela sua carne" (10:20). O caminho para a presença de Deus estava barrado por um véu. Na morte de Cristo, esse véu foi rasgado de alto a baixo, e o caminho para Deus foi aberto.

Charles Spurgeon nota que o véu não foi enrolado para cima nem foi despendurado, dobrado e guardado para ser usado novamente no futuro. Ele foi rasgado, de modo que se tornou impossível usá-lo novamente. Ele não pode ser pendurado de novo. Também é digno de nota que o véu não rasgou no canto nem desfiou nas beiradas.[15] Ele rasgou-se ao meio, de alto a baixo, em duas metades. Deus não criou um atalho, não providenciou uma portinhola lateral que dá acesso à sua presença. Ele generosamente abriu os portões do céu. Abriu-se espaço para que os maiores pecadores cheguem até Ele.

Esse caminho é novo e vivo. Esse caminho não é um ritual, uma cerimônia ou uma liturgia, mas uma pessoa. O caminho é Jesus. O teólogo Henry Wiley apresenta esse assunto da seguinte forma:

> O rompimento do véu da carne de Cristo é uma alusão à morte física que Ele sofreu na cruz, significando, por um lado, o derramamento do seu sangue como expiação vicária pelo pecado e, por outro, a inauguração de um novo e vivo caminho para o santo dos santos. Isto foi simbolizado, no tempo da crucificação, pelo rompimento do véu do templo de cima a baixo, marcando o término da dispensação da lei e a inauguração de uma nova ordem espiritual.[16]

O escritor holandês Simon Kistemaker, nessa mesma linha de pensamento, acrescenta que o adjetivo *vivo* significa que o caminho que Cristo abriu para nós não é uma rua sem saída, mas uma rodovia que nos conduz à salvação, à própria presença de Deus.

---

[15] SPURGEON, C. H. The Rent Veil.
[16] WILEY, O. H. *Comentário exaustivo da carta aos Hebreus*, p. 443.

Pelo seu sacrifício na cruz, Cristo removeu o véu entre Deus e o seu povo.[17]

Em terceiro lugar, *temos um precursor divino*. O autor aos Hebreus salienta que podemos entrar confiantes na presença de Deus porque "Jesus, como precursor, entrou por nós, tendo-se tornado sumo sacerdote para sempre, segundo a ordem de Melquisedeque" (6:20). A palavra grega *prodromos*, traduzida por "precursor", significa "batedor; guarda avançada de um exército". Ela só é usada nesse verso no Novo Testamento e traz a ideia de alguém que vai à frente de outros, abrindo o caminho para que os demais sigam seus passos.[18] Um precursor pressupõe outros para segui-lo. Jesus abriu o caminho indo à nossa frente. Trata-se de uma estrada segura. Não precisamos desbravar esse novo caminho. Ele está pavimentado e desenrola-se diante de nós. Agora podemos entrar livremente na santa presença de Deus. Jesus, como nosso sumo sacerdote e precursor, entrou por nós, abrindo-nos um novo e vivo caminho para Deus. Ele foi à frente, e nós o seguimos. Ele é o pioneiro, e nós seguimos suas pegadas. Jesus é o capitão da nossa salvação. Ele, sendo um sumo sacerdote perfeito, ofereceu um sacrifício perfeito e instituiu um culto perfeito, e, agora, todos nós podemos entrar além do véu para desfrutar da própria presença de Deus. Um dia o nosso precursor virá buscar-nos para estarmos para sempre com Ele (1Tessalonicenses 4:17-18). Nesse dia, poderemos contemplar a glória de Deus e vê-lo como Ele é (1Coríntios 13:12; 1João 3:2).

## O FIM DA SEPARAÇÃO IMPOSTA PELO PECADO

Charles Spurgeon vê o véu rasgado também como o término da separação causada pelo pecado.[19] O pecado é, no fim das contas, o grande muro que separa o ser humano de Deus. O véu de linho

---

[17] KISTEMAKER, S. *Hebreus*, p. 402.
[18] LIGHTFOOT, N. R. *Hebreus*, p. 157.
[19] SPURGEON, C. H. The Rent Veil.

bordado em azul e vermelho naturalmente não tinha em si o poder de manter Deus afastado da humanidade. Ele é onipresente e não está distante de nós. O pecado é uma barreira muito mais efetiva. Ele abre um abismo entre o pecador e seu juiz. O pecado nos faz andar na contramão de Deus.[20]

Quando Adão e Eva pecaram, Deus expulsou a ambos do Éden (Gênesis 3:23), purificando, assim, seu templo-jardim. O jardim deixou de ser o lar hospitaleiro do casal para ser o palco de seu fracasso. Além de expulsá-los, Deus tomou medidas para mantê-los vigorosamente afastados da fonte da vida: Ele "colocou querubins ao oriente do jardim do Éden e o refulgir de uma espada que se revolvia, para guardar o caminho da árvore da vida" (v. 24). O estudioso Derek Kidner nota que cada pormenor deste versículo exclui o pecador: há querubins e uma espada que se revolvia por todo o caminho. Os querubins são retratados como seres multiformes e temíveis. Ezequiel pinta-os como seres de duas faces — de um homem e de um leão — ou de quatro faces — homem, leão, boi e águia (41:18-19). Eles são guardiões simbólicos do Santo dos Santos. Suas formas estavam bordadas no véu que impedia o acesso ao recinto, e também estavam esculpidas em ouro em cima da tampa da arca.[21] O caminho de volta a Deus é santo, e está fortemente guardado, de modo que o ser humano não possui condições em si mesmo de chegar à presença de Deus sem ser consumido por causa do seu pecado.

O profeta Isaías viu o pecado como uma doença (Isaías 1:5) endêmica, epidêmica e pandêmica que atingiu toda a raça humana. Todos fomos concebidos e nascemos em pecado (Salmos 51:5); além disso, pecamos por palavras, obras, omissões e pensamentos. O pecado é uma força desagregadora, uma doença mortal, por isso podemos dizer que a Queda não foi apenas um pequeno acidente; foi a maior tragédia da humanidade. Dessa tragédia decorrem todas as outras. O pecado não é apenas um pequeno e leve deslize,

---

[20] SPURGEON, C. H. The Rent Veil.
[21] KIDNER, D. *Gênesis*, p. 68.

mas uma queda desastrosa; também não é inofensivo; ele é extremamente maligno e mortífero. O pecado é absolutamente desagregador. Aonde chega, destrói a comunhão e faz os relacionamentos adoecerem. Isso pode ser constatado pelos seguintes motivos:

Em primeiro lugar, *o pecado separa o ser humano de Deus*. Quando Adão comeu o fruto proibido, imediatamente sentiu medo de Deus e fugiu da sua presença. O pecado ergueu uma muralha entre ele e seu Criador. Pelo fato de Deus ser a essência da vida, o rompimento da comunhão com Ele lançou a humanidade num estado de morte espiritual, fazendo com que ela se tornasse cega, surda, endurecida e morta espiritualmente. O pecado faz separação entre nós e Deus (Isaías 59:2), e essa separação não é apenas uma questão de distância, mas de rebeldia. Em outras palavras, o ser humano não está apenas separado de Deus; ele é rebelde contra Deus, e a inclinação da sua carne é inimizade contra Deus (Romanos 8:7).

Em segundo lugar, *o pecado separa o ser humano do próximo*. Além de separar Adão e Eva de Deus, o pecado também abriu uma fenda na relação entre os dois. Começou ali no Éden a primeira crise conjugal, uma vez que Adão culpou Eva por sua queda. Em vez de assumir sua responsabilidade, ele buscou os atalhos da racionalização e da transferência da culpa. Com isso, podemos concluir que o pecado produz conflitos conjugais, ciúmes, inveja, ódio, amargura, frieza e acusações. A história da humanidade é a história das guerras, e isso se deve ao pecado que contaminou o coração de todos os seres humanos.

Em terceiro lugar, *o pecado separa o ser humano de si mesmo*. O pecado trouxe uma fissura existencial no espírito de cada ser humano, e no pacote do pecado vieram o sentimento de culpa, o complexo de inferioridade, os traumas, o medo e as racionalizações. O ser humano é uma guerra civil ambulante, e o maior inimigo de cada um é o seu próprio coração enganoso. O pecado fez do ser humano um ser paradoxal, contraditório e ambíguo, sendo considerado uma cunha que rasgou o homem ao meio. Sendo assim, podemos dizer que o nosso maior inimigo é aquele que vemos quando nos olhamos no espelho.

Ao comerem o fruto proibido, Adão e Eva, em vez de se aproximarem de Deus, passaram a ter medo dele, o que prova que o pecado é uma fraude. É atraente aos olhos, mas engana; promete liberdade, mas escraviza; promete vida, mas mata. Quando Adão e Eva escutaram a voz de Deus, esconderam-se por entre as árvores do jardim, visto que a presença de Deus não era mais o seu deleite, mas o seu terror. O medo de Deus substituiu a alegria em Deus. É impossível ter comunhão com Deus e, ao mesmo tempo, viver no pecado. Sempre que homem ou mulher escutam o tentador e naufragam diante da tentação, tentam se esconder de Deus. Assim, assaltados pela culpa e tomados pelo medo, buscam a rota da fuga. O pecado, entretanto, não apenas torna o ser humano rebelde, mas também tolo. Como se esconder daquele que é onipresente? Como fugir da presença daquele que está em toda parte e tudo vê? Do que adianta ficar entre as árvores se, para Deus, a luz e as trevas são a mesma coisa? É impossível fugir da presença do Senhor (Salmos 139:7-12).

Em Adão, todos pecaram; em Adão todos morreram.[22] Segundo o teólogo John Stott, a pena de morte cai hoje sobre toda a humanidade não apenas porque todos pecaram como Adão, mas porque todos pecaram *em* Adão.[23]

Que tipo de morte entrou no mundo pelo pecado? A morte física, espiritual e eterna:

- a morte física é a separação entre a alma e o corpo (2Coríntios 5:8);
- a morte espiritual é a separação entre o ser humano e Deus, devido a um ato de desobediência (Romanos 7:9);
- a morte eterna ou "segunda morte" é a separação irremediável e eterna entre ser humano e Deus. Trata-se da ida da alma e do corpo para o inferno (Mateus 10:28).

---

[22] HENDRIKSEN, W. *Romanos*, p. 235-236.
[23] STOTT, J. *A mensagem de Romanos 5-8*, p. 17.

Essas três modalidades de morte são consequência do pecado.

O pecado é, portanto, o maior de todos os males. O pecado é pior que a pobreza, que o sofrimento, que a doença e até mesmo que a morte. Todos esses males não podem afastar o ser humano de Deus, mas o pecado o mantém afastado de Deus no tempo e na eternidade. O pecado é, de fato, maligníssimo.

Por intermédio do sacrifício de Cristo, as paredes de separação erguidas pelo pecado foram destruídas.

Em primeiro lugar, *a barreira que nos separava de Deus foi destruída*. Não somos mais filhos da sua ira, mas filhos do seu amor. O pecado consumou uma ruptura, mas Jesus Cristo veio para restabelecer a comunicação que havia sido suspensa.[24] Ao derramar seu precioso sangue, fomos purificados do pecado, e a graciosa promessa se cumpriu: "Também de nenhum modo me lembrarei dos seus pecados e das suas iniquidades, para sempre" (Hebreus 10:17; Jeremias 31:33-34). Concordo com Charles Spurgeon quando ele diz que o perdão, que remove os pecados, e a justificação, que traz retidão, perfazem um ato tão real e completo que nada mais pode separar o pecador do Deus com quem se reconciliou. O juiz é agora o Pai. Aquele que, antes, necessariamente deveria condenar o pecador, agora o absolve e o aceita. É neste duplo sentido que o véu se rasgou: a lei de separação foi ab-rogada, e o pecado que separava foi perdoado.[25]

Entre Deus e aqueles que estão em Cristo não há, nem haverá, qualquer outra separação. Podemos exultar com o apóstolo Paulo nestas palavras:

> Porque eu estou bem certo de que nem a morte, nem a vida, nem os anjos, nem os principados, nem as coisas do presente, nem do porvir, nem os poderes, nem a altura, nem a profundidade, nem qualquer outra criatura poderá separar-nos do amor de Deus, que está em Cristo Jesus, nosso Senhor (Romanos 8:38-39).

---

[24] LEENHARDT, F. J. *Epístola aos Romanos*, p. 135.
[25] SPURGEON, C. H. *The Rent Veil*.

Em segundo lugar, *a barreira que nos separava do próximo foi destruída*. Os judeus eram separados da presença de Deus pelo véu do templo, e os gentios eram isolados pelo muro externo do templo. No entanto, quando Jesus morreu, rasgou o véu e destruiu o muro. Em Cristo, judeus e gentios que creem têm acesso a Deus.[26]

Durante séculos, os judeus foram diferentes dos gentios na religião, na indumentária, na dieta alimentar e nas leis. Pedro resistiu ao projeto de Deus de incluir os gentios em sua agenda evangelística (Atos 10). Os judeus crentes repreenderam Pedro por ter entrado na casa de um gentio para evangelizá-lo (Atos 11). Precisou haver uma conferência dos líderes da igreja em Jerusalém para discutir o lugar dos gentios no corpo de Cristo (Atos 15). Foi então que os apóstolos concluíram que tanto judeus como gentios são salvos do mesmo modo — pela fé em Jesus Cristo. A inimizade acabou. Agora, tanto judeus como gentios são, em Cristo, novas criaturas. Os gentios não subiram para a posição dos judeus, mas ambos se tornaram algo novo e maior. A igreja trouxe ao mundo um novo tipo de criação, uma nova qualidade de criação que não existia antes.[27] Em Jesus Cristo, judeus e gentios se tornaram um. Cristo estabeleceu a paz, pois Ele é a nossa paz; Ele fez a paz e a proclamou.

O corpo de Cristo é formado por judeus e gentios. Pelo sangue de Jesus, a parede da separação foi derrubada e, agora, judeus e gentios constituem a igreja (Romanos 10:12; Efésios 2:14-16). O povo de Deus não se define mais de acordo com a descendência, a circuncisão ou a cultura, mas segundo a fé em Jesus. O único pacto de paz verdadeiro e eficaz selado entre seres humanos foi aquele assinado por Deus em Jesus. Essa é a maior missão de paz da história. Deus reconciliou judeus e gentios num único corpo e reconciliou o mundo consigo mesmo por meio de Jesus (2Coríntios 5:18).

Em terceiro lugar, *a barreira que nos separava de nós mesmos foi destruída*. O pecado nos faz reféns do medo, da culpa e da vergonha.

---

[26] WIERSBE, W. W. *Comentário bíblico expositivo*, p. 686.
[27] FOULKES, F. *Efésios*, p. 71.

Rouba a paz do espírito e a saúde do corpo. Mantém a alma em conflito e alimenta os dramas da consciência. Nada que o mundo possa oferecer traz a paz de espírito que o ser humano anseia por ter dentro de si.

A paz de espírito é um bem preciosíssimo que não se encontra à venda no mercado. Esse tesouro não está nos palácios nem frequenta os salões de festa mais requintados. A paz de espírito é melhor que as riquezas. É melhor que o mais refinado conforto. De nada adianta colocar a cabeça sobre um travesseiro macio, com fronha de fios de algodão egípcio e pena de ganso se a consciência está atribulada pela culpa. A paz de espírito é o melhor travesseiro. Não é fruto de um mecanismo psicológico nem é obtida artificialmente por meio de exercícios mentais. A paz de espírito não é fruto de meditação transcendental nem de confissão positiva. Não é uma panaceia religiosa, oferecida por qualquer rito sagrado. É resultado da graça de Deus concedida a todos aqueles que foram perdoados e reconciliados com Deus por meio de Cristo. A paz de Deus é consequência da paz com Deus. Somente aqueles que foram reconciliados e têm paz com Deus podem desfrutar dessa paz de espírito. Somente os que creem em Jesus sabem que não resta mais sobre si nenhuma condenação. Nele, cumprimos a lei e atendemos a todas as demandas da justiça divina. Encontramos paz que excede todo entendimento e, assim, não vivemos mais em conflito interno.

## O TERREMOTO E A RESSURREIÇÃO DOS MORTOS

Além do véu que se rasgou no templo, distante pouco menos de um quilômetro do monte Calvário, quando Jesus morreu, um terremoto sacudiu toda a cidade de Jerusalém. A Terra chorou a morte de seu Criador.

Apenas Mateus registra esse acontecimento: "tremeu a terra, fenderam-se as rochas; abriram-se os sepulcros, e muitos corpos de santos, que dormiam, ressuscitaram; e, saindo dos sepulcros depois da ressurreição de Jesus, entraram na cidade santa e apareceram a muitos" (27:51-53). Para Warren Wiersbe, esse terremoto traz à lembrança do leitor judeu, público-alvo do Evangelho de Mateus, o tremor que sacudiu o monte Sinai quando Deus entregou a lei a Moisés (Êxodo 19:18). O terremoto que teve seu epicentro no Calvário demonstrou que as demandas da lei foram satisfeitas, e que a maldição da lei estava para sempre abolida (Hebreus 12:18-24). O véu rasgado implica que Jesus venceu o pecado; o terremoto sugere que Ele conquistou e cumpriu a lei, e a ressurreição prova que Ele venceu a morte.[28]

Os profetas do Antigo Testamento usavam continuamente a ideia do terremoto para falar do Dia do Senhor, aquele em que Deus visitaria a Terra com juízo e redenção. Isaías diz que "Do Senhor dos Exércitos vem o castigo com trovões, com terremotos, grande estrondo, tufão de vento, tempestade e chamas devoradoras" (29:6). Jeremias anuncia o que testemunhou em sua visão: "Olhei para os montes, e eis que tremiam, e todos os outeiros estremeciam" (4:24). Ageu declara: "Pois assim diz o Senhor dos Exércitos: Ainda uma vez, dentro em pouco, farei abalar o céu, a terra, o mar e a terra seca" (2:6). Por meio de Ezequiel, o Senhor proclama um evento terrível:

> Pois, no meu zelo, no brasume do meu furor, disse que, naquele dia, será fortemente sacudida a terra de Israel, de tal sorte que os peixes do mar, e as aves do céu, e os animais do campo, e todos os répteis que se arrastam sobre a terra, e todos os homens que estão sobre a face da terra tremerão diante da minha presença; os montes serão deitados abaixo, os precipícios se desfarão, e todos os muros desabarão por terra (Ezequiel 38:19-20).

O terremoto é uma imagem associada ao fim do mundo e ao juízo que Deus irá exercer sobre a Terra. Jesus também citou o terremoto

---

[28] WIERSBE, W. W. *The Wiersbe Bible Commentary*, p. 84.

como indicativo de sua vinda (Mateus 24:7). Segundo George Ladd, estudioso do Novo Testamento, essa linguagem de catástrofe natural ilustra a transcendência de Deus e o quanto a criação é sensível à visitação do seu Criador: "Falando da catástrofe cósmica no fim dos tempos, quando Deus visitar sua criação no Dia do Senhor, a Bíblia está descrevendo de maneira pitoresca o julgamento divino que desaba sobre o mundo". Após essa perturbação cósmica final, o Filho de Deus virá para reunir seus eleitos no reino de Deus.[29] Quando Cristo vier, os céus se desfarão em estrepitoso estrondo. Deus irá redimir a natureza do cativeiro em que foi colocada por causa do pecado. Então, toda a criação será apaziguada. As tensões acabarão, e céus e Terra serão totalmente transformados.

O terremoto que abalou Jerusalém na morte de Cristo teve como efeito a ressurreição de mortos. Mateus é preciso ao dizer que os que ressuscitaram não eram quaisquer mortos, mas "santos que dormiam". Esse misterioso evento tem sido fruto de muitas especulações entre os estudiosos da Bíblia. Não se sabe quem são esses santos, a quem apareceram, tampouco o destino que tiveram depois. O que não se pode negar, contudo, é que a ressurreição deles é símbolo e indicativo de nossa gloriosa ressurreição na Segunda Vinda de Cristo.

O terremoto e a ressurreição dos santos que aconteceram por ocasião da morte de Cristo indicam o fim dos tempos, quando Jesus Cristo voltará como rei e juiz de toda a Terra. Cristo virá do céu num grande cortejo para o maior evento da história, quando os túmulos serão abertos e os vivos serão transformados. A Bíblia nos faz saber que o corpo dos remidos que dormiam se levantará da terra, e eles encontrarão o Senhor nos ares (1Coríntios 15:23,51,52; 1Tessalonicenses 4:16).

Os judeus acreditavam na ressurreição dos mortos (veja Salmos 16:10; Isaías 26:19; Ezequiel 37:10; Daniel 12:2). O relato de Mateus, porém, associa a ressurreição à morte de Jesus. Em suas cartas,

---

[29] LADD, G. *Apocalipse*, p. 81.

Paulo elucida que a ressurreição final só será possível porque Cristo ressuscitou como primícia dos que dormem (1Coríntios 15:23). Portanto, quando Ele voltar, todos os mortos ouvirão a sua voz e sairão dos túmulos, uns para a ressurreição da vida e outros para a ressurreição do juízo (João 5:28-29).

A ressurreição de Cristo é o penhor e o padrão da nossa ressurreição. O mesmo Espírito que o ressuscitou haverá de nos ressuscitar. O mesmo Espírito que dá vida a nosso espírito também haverá de dar vida a nosso corpo.[30] Se a consequência do pecado de Adão é nossa morte física, o resultado da justiça de Cristo é nossa vida espiritual.

A morte não é o fim da linha. Ela não tem a última palavra. Não caminhamos para um ocaso sombrio. Receberemos um corpo incorruptível, imortal, poderoso, glorioso, espiritual e celestial, semelhante ao corpo da glória de Cristo. Nosso corpo brilhará como o Sol no seu fulgor.

Cristo voltará para oferecer sua herança gloriosa aos que aguardam sua salvação. No entanto, Ele virá também para exercer juízo sobre aqueles que negligenciaram tão grande salvação. Jesus é o juiz que julgará a todos (Atos 17:30-31).

Todas as pessoas, sem exceção e sem acepção, terão de comparecer perante o tribunal de Cristo no dia do juízo. Ninguém escapará desse dia. Todos terão de prestar contas a Deus. Concordo com as palavras do professor David Stern, que diz que "a vida humana não se repete, as ações de alguém nesta vida são julgadas após a morte, e não existe oportunidade para reparações mais tarde".[31]

Jesus se assentará no trono de sua glória. Todos os povos serão reunidos diante dele, e esse ajuntamento será imediatamente seguido por uma separação (Mateus 25:31-33). Ele, que foi julgado pelas pessoas, julgará as pessoas. O condenado condenará. Seus juízes serão acusados e Ele, o acusado, julgará.[32] Cristo, porém,

---

[30] STOTT, J. *Romanos*, p. 272.
[31] STERN, D. H. *Comentário judaico do Novo Testamento*, p. 761.
[32] RIENECKER, F. *Evangelho de Mateus*, p. 408.

não é um juiz inflexível, destituído de compaixão, mas um juiz que ficou comovido pelo sentimento das nossas enfermidades.[33]

Esse dia será de alegria para os salvos e de tormento para os ímpios. Será dia de luz para uns e dia de trevas para outros. Ele, que a todos sonda e a tudo vê, separará uns dos outros com meticulosa justiça. Nesse último grande Dia do Senhor, todas as nações que já existiram e as que agora existem serão reunidas diante do tribunal de Cristo. No início, serão reunidas em uma massa homogênea, mas a miríade de multidões será rapidamente dividida em dois grupos. O rei é quem fará a separação naquele dia terrível, como o pastor separa dos cabritos as ovelhas. Nenhum cabrito ficará entre as ovelhas, e nenhuma ovelha permanecerá entre os cabritos. Ele separará uns dos outros individualmente.

A grande distinção naquele grande dia do juízo não será entre ricos e pobres, doutores e analfabetos, religiosos e ateus, brancos e negros, mas entre os que são benditos do Pai e os que são malditos, os quais serão banidos para o fogo eterno. Nesse dia, os seres humanos serão não apenas julgados com justiça, mas separados eternamente para destinos distintos e opostos. Hoje, justos e ímpios, santos e pervertidos, generosos e avarentos, todos vivem juntos. Naquele dia, uns entrarão no gozo do Senhor e outros sofrerão penalidade de eterna destruição.

Todos estarão enquadrados em apenas dois grupos: ovelhas e cabritos, salvos e perdidos, bem-aventurados ou condenados. As ovelhas são identificadas como *os justos*. Esses são colocados à direita do trono do juiz. Os cabritos, por sua vez, são chamados de *malditos* (Mateus 25:37,41).

Os justos são os eleitos, agora reunidos dos quatro cantos da Terra. Asseguraram a sua eleição não por dizerem constantemente "Senhor, Senhor", nem por repetidas expressões verbais da sua fé, mas por numerosos atos de serviço realizados em autossacrifício, prestados discretamente aos seus semelhantes. O rei lhes dirá: "Vinde".

---

[33] TASKER, R. V. G. *Mateus*, p. 188.

Eles haviam aceitado seu convite "Vinde a mim" (Mateus 11:28); agora Jesus lhes acena com outro e mais glorioso "Vinde, benditos de meu Pai". Informa-lhes ainda que pertence a eles uma herança que foi preparada desde a fundação do mundo (Mateus 25:34).[34]

Depois Jesus se dirigirá aos que estiverem à sua esquerda: "Apartai-vos de mim". Chamá-los-ão de malditos e os enviarão para o fogo eterno preparado para o Diabo e seus anjos (Mateus 25:41). O motivo? Os pecados de omissão! As pessoas podem pensar que sua falta de amor por Cristo e sua negligência em cuidar de seus irmãos pobres são coisas fúteis, mas sua conduta será vista de outra forma no último grande dia. Elas não serão julgadas por sua confissão religiosa nem por seu credo, nem mesmo por seu desempenho na adoração. O critério será o que fizerem para o seu próximo. Aqueles que viverem vazios de amorosa bondade em relação ao outro não poderão receber a amorosa bondade do Senhor.

O dia do juízo será dia de luz para uns e dia de trevas para outros. Dia de bem-aventurança para uns e dia de severo juízo para outros. Dia de alegria para uns e dia de tormento eterno para outros. Só há dois destinos: céu de glória e inferno de fogo; gozo eterno e castigo eterno; comunhão com o Senhor e tormento com o Diabo e seus anjos. Há uma terrível expectação de juízo para aqueles que escarneceram do Filho de Deus e de seu sacrifício. Estes irão para o castigo eterno. O tormento é da mesma duração que a vida. A separação entre os bodes e as ovelhas será eterna e imutável. O bispo inglês John Charles Ryle resume a questão: "Tão certo quanto Deus é eterno, também o céu é um dia interminável, sem noite, e o inferno é uma noite interminável, sem dia",[35] mas para todos aqueles que confiaram em Cristo e desejaram ardentemente sua vinda, há uma expectativa de salvação: livramento do juízo e alegria na promessa da herança eterna.[36]

---

[34] SPURGEON, C. H. *O Evangelho segundo Mateus*, p. 563.
[35] RYLE, J. C. *Meditações no Evangelho de Mateus*, p. 222.
[36] PETERSON, D. G. *Hebrews*, p. 1342.

Embora o julgamento final esteja reservado para o fim desta era, ele já começou com a Primeira Vinda de Cristo, tendo seu ápice na paixão (veja João 12:31). Concordo com a explicação do teólogo Donald Carson sobre essa questão:

> A paixão/glorificação de Jesus atrai as pessoas para si mesmo (João 12:32), mas também constitui julgamento sobre *este mundo*, toda a sociedade humana em rebelião contra seu Criador. O mundo pensou que estava julgando Jesus, não só enquanto debatia, perpetuamente, quem Ele era, mas, de forma culminante e derradeira, na cruz. Na realidade, a cruz estava julgando o mundo. Uma vez que Jesus foi enviado como representante e o agente de seu Pai, a suprema revelação divina, a rejeição do Filho é a rejeição do próprio Deus. No assassinato desumano do Filho de Deus, o pecado se manifesta em sua forma mais doentia.[37]

Dessa maneira, o terremoto e a ressurreição que ocorreram logo após a morte de Jesus eram também indícios do julgamento que se iniciava com sua vinda, culminando em sua paixão e morte, e concluindo-se no julgamento final. Este ocorrerá na Segunda Vinda de Cristo, marcada por catástrofes naturais muito maiores do que o terremoto que sacudiu Jerusalém e pela ressurreição de todas as pessoas, e não somente de algumas.

## O CENTURIÃO TESTEMUNHOU A SANTIDADE DE JESUS

O último evento que tem lugar ao pé da cruz após a morte de Cristo é o testemunho de um centurião romano. Mateus registra: "O centurião e os que com ele guardavam a Jesus, vendo o terremoto e tudo o que se passava, ficaram possuídos de grande temor e disseram: Verdadeiramente este era Filho de Deus" (Mateus 27:54).

---

[37] CARSON, D. A. *O comentário de João*, p. 443.

Marcos diz que o centurião estava em frente a Jesus e fez sua declaração por ver como Jesus havia expirado (15:39). Lucas acrescenta que esse homem "deu glória a Deus" e afirmou que Jesus "era justo" (23:47). Embora diferentes, os três relatos não se contradizem. É bem possível que o centurião tenha dito ambas as frases registradas por Lucas, Mateus e Marcos. Da mesma forma, ao focarem no que disse o centurião, Lucas e Marcos não contradizem Mateus, que registrou a reação de toda a companhia de soldados.

Um centurião era um oficial encarregado de uma centúria, uma corporação de cem soldados romanos. É possível que este centurião e o grupo de três homens que ele comandava tenham estado na companhia de Jesus desde cedo, quando Pilatos mandou açoitá-lo. Esses soldados, embora romanos no sentido de estar a serviço do governo romano, provavelmente foram recrutados da província da Síria. Se era esse o caso, eram capazes de se comunicar em aramaico, idioma falado também pelos judeus, e estavam familiarizados com os costumes judaicos.[38]

Quando receberam do governador a ordem de açoitar Jesus, provavelmente o centurião e seus soldados consideraram Jesus um falso pretendente ao trono, uma pessoa que não merecia algo melhor do que o escárnio. Segundo o biblista William Hendriksen, foram estas as ações que o centurião e seus soldados perpetraram contra Jesus:

- despiram-no (Mateus 27:28a);
- vestiram-no com um manto (Mateus 27:28b; Marcos 15:17a; João 19:2b);
- coroaram-no (Mateus 27:29a; Marcos 15:17b; João 19:2a);
- deram-lhe um cetro (Mateus 27:29b);
- adoraram-no (Mateus 27:29c; Marcos 15:18; João 19:3a);
- cuspiram nele (Mateus 27:30a; Marcos 15:19b);
- espancaram-no (Mateus 27:30b; Marcos 15:19a; João 19:3b).

---

[38] HENDRIKSEN, W. *Mateus.* v. 2, p. 644.

Marcos diz que "Depois de o terem escarnecido, despiram-lhe a púrpura e o vestiram com as suas próprias vestes. Então, conduziram Jesus para fora, com o fim de o crucificarem" (15:21). Tendo pregado Jesus à cruz, os oficiais dividiram entre si as vestes dele. William Hendriksen diz ser provável que tenham repartido as peças do vestuário — o pano da cabeça, as sandálias, o cinto e o manto —, lançando dados (João 19:23). A túnica sem costura, de uma só peça, toda tecida de alto a baixo, também foi sorteada, tudo ocorreu em conformidade com a profecia de Salmos 22:18.[39]

Tendo feito tudo isso, o centurião e seus soldados se sentaram diante da cruz, montando guarda (Mateus 27:36) para que ninguém molestasse nem tentasse resgatar o corpo de Jesus.

Tudo o que se passou dali em diante aconteceu diante dos olhos vigilantes do centurião e de sua equipe. Eles testemunharam todas as palavras proferidas por Jesus na cruz, bem como os insultos que eram dirigidos a Ele. Os próprios soldados zombaram de Jesus, dizendo-lhe: "Se tu és o rei dos judeus, salva-te a ti mesmo" (Lucas 23:37). Eles escutaram a conversa entre Jesus e o ladrão da direita. Eles notaram a escuridão que cobriu a Terra durante três horas. Eles ouviram Jesus dizer que tinha sede, e pelo menos um deles tentou animá-lo com um gole de vinho. Eles escutaram o grito de "Está consumado", que precedeu a morte de Jesus. Eles sentiram o terremoto. Eles testificaram a morte rápida de Jesus, uma vez que as vítimas de crucificação geralmente demoravam dias para morrer. De alguma forma, tudo o que testemunharam alcançou seu coração e os fez reconhecer duas verdades a respeito de Jesus.

Em primeiro lugar, *que Ele era justo*. Jesus não havia cometido crime algum. Era um homem aceitável diante de Deus. Ele não foi condenado por causa de seus erros, mas o erro de outros o levou à cruz. Pilatos havia atestado publicamente a inocência de Jesus e demonstrou isso três vezes ao longo de seu julgamento. Sua esposa o havia alertado para não se envolver na condenação de

---

[39] HENDRIKSEN, W. *Mateus*. v. 2, p. 653.

Jesus, porque Ele era justo (Mateus 27:19). Porém, faltou a Pilatos coragem para sustentar aquilo em que ele cria. O centurião, por outro lado, fez uma declaração corajosa, uma vez que suas palavras poderiam desagradar tanto as autoridades judaicas, que insistiam na culpa de Jesus, como os romanos, que o crucificaram.

Em segundo lugar, *que Ele era Filho de Deus*. Não é possível saber se essa declaração indica que o centurião reconhecia Jesus como o Filho do Deus único, adorado pelos judeus, ou se ele se referiu a "um filho de Deus", uma expressão usada pelos gentios para descrever uma pessoa super-humana ou quase divina.[40] No entanto, é de se considerar que Mateus registra que os escribas e os anciãos dos judeus escarneceram de Jesus ao pé da cruz usando exatamente estas palavras: "Confiou em Deus; pois venha livrá-lo agora, se, de fato, lhe quer bem; porque disse: *Sou Filho de Deus*" (27:43). Diante de tudo o que havia testemunhado, o centurião sentiu-se compelido a admitir que Jesus era, de fato, aquilo que os líderes judaicos diziam a seu respeito em tom de zombaria: era o Filho de Deus.

Os líderes judaicos acompanharam toda a trajetória de Jesus, mas em momento algum glorificaram a Deus pelos seus milagres, nem creram em suas palavras. Eles se recusaram a professar o nome de Jesus e tentaram impedir outros de o fazerem. Em contrapartida, em apenas seis horas, um gentio reconheceu que Jesus não era nem culpado nem um homem comum. O pecado e a rebeldia dos que se diziam religiosos e próximos de Deus lhes cegaram os olhos e lhe entorpeceram o coração.

## TESTEMUNHO PARA O MUNDO TODO

O testemunho final do centurião quanto à divindade de Jesus, em contraste com a descrença e rejeição dos judeus, ilustra as seguintes palavras do evangelista João:

---

[40] TASKER, R. V. G. *Mateus*, p. 213.

> Veio para o que era seu, e os seus não o receberam. Mas, a todos quantos o receberam, deu-lhes o poder de serem feitos filhos de Deus, a saber, aos que creem no seu nome; os quais não nasceram do sangue, nem da vontade da carne, nem da vontade do homem, mas de Deus (João 1:11-13).

Jesus é o Salvador não apenas dos judeus, Ele é o Salvador do mundo. Ele tem ovelhas que não são do aprisco de Israel (João 10:16). Ele é o Cordeiro de Deus que tira o pecado do mundo todo. A salvação superou as fronteiras de Israel e se estendeu para o mundo inteiro. Pessoas de todas as tribos, raças e povos que receberem Cristo receberão o poder de serem feitas não apenas filhas de Abraão, mas filhas de Deus, de fazerem parte de sua família. Esse poder é conferido não aos que se julgam merecedores, mas aos que creem no nome de Jesus.

O propósito da cruz foi revelar ao mundo o verdadeiro Israel de Deus, aquele formado por judeus e gentios.[41] Em sua carta aos Efésios, Paulo diz que o mistério de Cristo é "que os gentios são coerdeiros, membros do mesmo corpo e coparticipantes da promessa em Cristo Jesus por meio do evangelho" (3:1-6). O Antigo Testamento já revelara que Deus tinha um propósito para os gentios. Prometera que todas as famílias da Terra seriam abençoadas por meio da posteridade de Abraão; que o Messias receberia as nações como sua herança; que Israel seria dado como uma luz para as nações. Jesus também falou da inclusão dos gentios e comissionou seus discípulos a fazer discípulos de todas as nações (Mateus 28.18-20).

O evangelho entra em todas as culturas e quebra o muro de separação entre os povos. Entrou no palácio de Nero e conquistou o coração dos soldados da guarda pretoriana. O evangelho conquistou o coração do povo romano. Em poucos anos, o evangelho havia dominado o mundo. O evangelho entrou nas muralhas de concreto do comunismo, penetrou nas prisões e libertou os encarcerados.

---

[41] WIERSBE, W. W. *Comentário bíblico expositivo*. v. 5, p. 950.

Cristo não é apenas facilmente acessível, como também *igualmente* acessível a todos e a qualquer um. Nenhum povo está mais perto de Cristo do que outro. A mensagem da salvação precisa ser proclamada em todo o mundo, a cada criatura, até os confins da Terra. Todo aquele que foi alcançado pelo evangelho deve ser um portador do evangelho.

O propósito de Jesus é o evangelho todo, por toda a igreja, a toda criatura, em todo o mundo. O método de Deus é a igreja. Uma igreja que não evangeliza precisa ser evangelizada. A igreja é ou um corpo missionário ou um campo missionário. A tarefa da igreja é desinstalar-se e, na dinâmica da sua caminhada, fazer discípulos. Jesus não precisa de admiradores e fãs, nem se impressiona com multidões; Ele quer discípulos. Evangelizar é contar ao mundo o que Deus fez por nós, pecadores, em Cristo Jesus. É anunciar como Ele nos amou e entregou seu próprio Filho para morrer em nosso lugar numa rude cruz. O evangelho é a maior notícia do mundo. A notícia do amor de Deus aos pecadores e do ódio de Deus ao pecado. Evangelizar é proclamar a necessidade do arrependimento e da fé em Cristo para a salvação. Essa é a mensagem mais importante e mais urgente vinda do céu.

# PALAVRA FINAL

"Onde está, ó morte, a tua vitória? Onde está, ó morte, o teu aguilhão?" (1Coríntios 15:55)

A ressurreição de Jesus é a pedra de esquina, o fundamento do cristianismo. Um Cristo vencido pela morte não poderia salvar a si mesmo e muito menos a nós. O apóstolo Paulo, tratando da importância vital dessa magna verdade, afirmou que a morte de Cristo não foi um acidente, nem sua ressurreição, uma surpresa. Ele morreu segundo as Escrituras e ressuscitou segundo as Escrituras (1Coríntios 15:1-3). Sem a ressurreição de Cristo, nossa fé seria vã, e nossa pregação, vazia. Sem a ressurreição de Cristo, não haveria remissão de pecados quanto ao passado nem esperança quanto ao futuro.

A cruz sem a ressurreição é símbolo de fracasso, e não de vitória. Se Cristo não houvesse ressuscitado, Ele não poderia ser Salvador. Se Cristo não houvesse ressuscitado, Ele seria o maior embusteiro da História. Se Cristo não houvesse ressuscitado, um engano teria salvado o mundo. Concordo com o pensamento de Edward M. Bounds, ministro metodista norte-americano: "A ressurreição de Cristo é a pedra fundamental da arquitetura de Deus, é o coroamento do sistema bíblico, o milagre dos milagres. A ressurreição salva do escárnio a crucificação e imprime à cruz glória indizível".[42]

Muitas foram as tentativas para varrer da História as evidências da ressurreição de Cristo. Alguns críticos das Escrituras chegaram a dizer que Cristo não morreu, apenas teve um desmaio na cruz e,

---
[42] BOUNDS, E. M. *A glória da ressurreição*, p. 27.

ao ser colocado num lugar fresco, cavado na rocha, reabilitou-se. Outros, conforme a precaução das autoridades judaicas, afirmam que os discípulos roubaram seu corpo e divulgaram a falsa notícia de que Ele havia ressuscitado. Há aqueles, ainda, que dizem que as mulheres foram ao túmulo errado e espalharam a informação de que o túmulo de Jesus estava vazio. A verdade incontroversa, entretanto, prevalece: Jesus ressuscitou como primícias de todos aqueles que dormem (1Coríntios 15:20).

A ressurreição de Cristo foi um fato histórico incontroverso, com várias provas incontestáveis. Paulo diz que Jesus Cristo ressurreto foi visto por várias testemunhas. Foi visto por Pedro, por Tiago e pelos doze. Foi visto por mais de quinhentos irmãos de uma só vez, e muitos deles ainda estavam vivos (1Coríntios 15:5-7).

Essas são as provas históricas da ressurreição de Cristo. A ressurreição, porém, não é um fato científico. Fato científico é aquele que pode ser levado para um laboratório e reproduzido quantas vezes quiser. A ressurreição é uma prova judicial. Não pode ser repetida. Ela tem evidências incontestáveis (Lucas 1:3). No entanto, as provas da ressurreição de Cristo não são apenas provas históricas e judiciais, mas também morais, emocionais e existenciais. Isso pode ser verificado por meio da transformação na vida dos discípulos. Aqueles homens se trancaram por medo antes da ressurreição, mas depois que Cristo se levantou dentre os mortos, esses mesmos homens se tornaram audaciosos, ousados e corajosos. Antes, estavam trancados e com medo; agora, eles são presos sem medo algum.

## A CENTRALIDADE DA RESSURREIÇÃO NA FÉ CRISTÃ

Na época de Paulo, a ressurreição era uma ideia intolerável e absurda. A doutrina da ressurreição era execrável e abominável para a mentalidade grega. A filosofia grega acreditava na imortalidade da alma, mas não na ressurreição do corpo. Para os gregos, o corpo era um claustro, uma prisão da alma. Nada havia de bom no corpo. Assim, ressuscitar era uma possibilidade impensável.

# PALAVRA FINAL

Hoje, da mesma forma, muitos negam a ressurreição do corpo. Creem na doutrina da reencarnação do espírito, ou na fusão do espírito com uma matéria impessoal maior, a quem chamam de Universo. No entanto, a Bíblia é categórica ao afirmar: Cristo ressuscitou dos mortos, e todos nós ressuscitaremos.

Nenhum capítulo da Bíblia trata da ressurreição de maneira tão profunda quanto 1Coríntios 15. A igreja de Corinto começava a abandonar o ensino dos apóstolos sobre a ressurreição de Cristo e dos mortos, substituindo-a pela filosofia grega. Se você perguntasse a um grego se os mortos ressuscitam, ele responderia com um "não" rotundo e peremptório. Entretanto, Paulo diz à igreja de Corinto que os mortos ressuscitam. Na verdade, a ressurreição é a mais rica joia do evangelho.[43]

Negar a ressurreição de Jesus é despir a mensagem cristã de sete pontos essenciais. Se não há ressurreição, então, diz Paulo:

1. *Jesus não pode haver ressuscitado.* Se Ele não ressuscitou, estamos seguindo um Cristo morto e impotente.
2. *A pregação é vã.* Se Cristo não ressuscitou, a prática da pregação é perda de tempo. Ouvir uma mensagem cristã é algo desprovido de propósito. Se Jesus não ressuscitou, a fé evangélica é vazia de sentido, de conteúdo e de qualquer proveito.
3. *A fé é vã.* Se Cristo não ressuscitou, nossa fé está baseada numa mentira, num engodo. Se Jesus não ressuscitou, estamos fundamentando a nossa crença em algo vazio.
4. *Somos tidos por falsas testemunhas de Deus.* Se Jesus não ressuscitou, estamos dizendo que Deus fez algo que Ele não fez.
5. *Permanecemos em nossos pecados.* Se Jesus não ressuscitou, então sua morte não foi vicária e, por isso, ainda estamos perdidos. Se Cristo não ressuscitou, os efeitos da sua morte foram nulos. A ressurreição de Jesus é a evidência de que

---
[43] BOUNDS, E. M. *A glória da ressurreição*, p. 56.

o sacrifício que Ele fez a favor dos pecadores foi aceito por Deus. É a ressurreição que autentica o sacrifício perfeito e cabal de Cristo na cruz.
6. *Os que dormiram em Cristo pereceram.* Se Jesus não ressuscitou, não há esperança de bem-aventurança eterna. Se Cristo não ressuscitou, então a morte tem a última palavra. Concordo com E. M. Bounds quando diz: "A ressurreição de Cristo não só tira o véu de terror e escuridão de sobre o túmulo, mas também varre o abismo que nos separa de nossos mortos queridos". [44]
7. *Somos as mais infelizes das pessoas.* Se Cristo não ressuscitou, somos um bando de pessoas enganadas. Se Jesus não ressuscitou, o hedonismo está com a razão. Se Cristo não ressuscitou, quem está vivendo sem freios e sem absolutos está com a razão. Se Jesus não ressuscitou, então, comamos e bebamos, porque amanhã morreremos. Não há céu, inferno nem eternidade.

A conclusão inequívoca de Paulo é: "Mas, de fato, Cristo ressuscitou dentre os mortos, sendo ele as primícias dos que dormem" (1Coríntios 15:20). A ressurreição de Cristo é a garantia da nossa ressurreição. Se Cristo ressuscitou, nós também ressuscitaremos.

William Barclay diz que a ressurreição nos prova quatro grandes fatos que podem mudar totalmente a perspectiva que temos da vida neste mundo e no mundo vindouro:[45]

1. *A ressurreição prova que a verdade é mais forte que a mentira.* Jesus é a verdade, e os homens quiseram matá-lo exatamente porque Ele falava a verdade (João 8:40). Se os inimigos de Cristo tivessem conseguido eliminá-lo, a mentira teria prevalecido sobre a verdade. Porém, Jesus ressuscitou e hasteou para sempre a bandeira da verdade. A ressurreição é a garantia final da indestrutibilidade da verdade!

---

[44] BOUNDS, E. M. *A glória da ressurreição*, p. 29.
[45] BARCLAY, W. *I y II Corintios*, p. 158-159.

2. *A ressurreição prova que o bem é mais forte do que o mal.* Certa feita, Jesus disse aos judeus que o perseguiam que o Diabo era o pai deles (João 8:44). As forças que crucificaram Jesus pertenciam ao mal e às trevas (Lucas 22:53). Se não houvesse ressurreição, o mal teria prevalecido.
3. *A ressurreição prova que o amor é mais forte do que o ódio.* Jesus é o amor de Deus encarnado. Todavia, os que o crucificaram estavam tomados de virulento ódio, ao extremo de o chamarem de endemoninhado e afirmarem que Ele agia pelo poder do maioral dos demônios. Se a ressurreição não tivesse acontecido, o ódio teria triunfado sobre o amor.
4. *A ressurreição prova que a vida é mais forte do que a morte.* Jesus é a vida. Sua vida não lhe foi tirada, Ele espontaneamente a deu. Se a vida lhe tivesse sido tirada à força, e se Ele não tivesse ressuscitado, a morte teria a última palavra.

Paulo termina sua exposição dando um brado de vitória. Ele pergunta: "Onde está, ó morte, a tua vitória? Onde está, ó morte, o teu aguilhão?" (1Coríntios 15:55). Ele mesmo responde: "Tragada foi a morte pela vitória. [...] Glória a Deus, que nos dá a vitória por intermédio de nosso Senhor Jesus Cristo" (v. 54,57). A morte é o último inimigo a ser vencido. Ela será lançada no lago de fogo com o Diabo e seus anjos (Apocalipse 20:14). Reinaremos com Cristo para sempre, com corpos transformados, incorruptíveis e imortais.

A ressurreição de Cristo é a doutrina central da fé cristã. Não seguimos um Cristo preso na cruz, retido no túmulo, mas o Cristo vivo e todo-poderoso. O túmulo de Jesus foi aberto de dentro para fora. Jesus arrancou o aguilhão da morte e matou a morte ao ressuscitar dentre os mortos. Buda está no túmulo. Confúcio está no túmulo. Maomé está no túmulo. Alan Kardec está no túmulo. Jesus, porém, está vivo. A pedra foi removida. O túmulo está vazio. Jesus não está mais lá. A morte não pôde detê-lo.

Jesus morreu pelos nossos pecados e ressuscitou para a nossa justificação. Sua ressurreição nos prova que a morte não tem a última palavra. O aguilhão da morte foi tirado. Cessou o poder da morte. A morte foi vencida. A morte que hoje arranca lágrimas dos nossos olhos já foi vencida por Jesus. Não haverá mais a morte que nos tem feito chorar. A ressurreição de Cristo nos mostra que a vida não é um simples viver nem a morte é um simples morrer. Se Cristo ressuscitou, nós também ressuscitaremos. E se nós ressuscitaremos, importa-nos trabalhar para Deus. A nossa obra no Senhor não é em vão. Portanto, devemos trabalhar com ardor na expansão do Reino de Deus. Que Deus nos ajude a viver de forma coerente com a fé que temos na ressurreição dos mortos.

A ressurreição coroa o legado da cruz de uma maneira única e poderosa, amplificando o significado das sete palavras proferidas por Jesus enquanto esteve crucificado. Essas palavras não apenas refletem o sofrimento humano e a compaixão divina, mas também apontam para a vitória final sobre o pecado e a morte.

Cada uma das sete palavras pronunciadas por Jesus na cruz ressoa com profundidade e revela aspectos distintos de sua missão redentora. Desde o perdão oferecido aos seus algozes até a promessa do paraíso ao ladrão arrependido, essas palavras testemunham a extensão do amor de Deus e a amplitude da salvação disponível para todos os que creem.

No entanto, é na ressurreição que essas palavras encontram sua plena realização e significado. Através da ressurreição de Jesus, a esperança é restaurada, a morte é vencida e a promessa da vida eterna é cumprida. A cruz e a ressurreição estão intricadamente ligadas, formando o cerne da mensagem cristã: o sacrifício redentor de Cristo e a vitória sobre o poder do pecado e da morte.

Assim, a ressurreição coroa o legado da cruz, elevando as sete palavras de Jesus a um testemunho vivo da graça divina e da esperança para toda a humanidade. Elas não apenas nos lembram do sofrimento de Cristo, mas também nos apontam para a gloriosa realidade da ressurreição, onde encontramos a plenitude do amor de Deus e a promessa da vida eterna em comunhão com Ele.

# REFERÊNCIAS BIBLIOGRÁFICAS

ASH, A. L. *O Evangelho segundo Lucas*. São Paulo: Vida Cristã, 1980.
BARCLAY, W. *I y II Corintios*. Buenos Aires: La Aurora, 1973.
_____. *Filipenses, Colosenses, I y II Tesalonicenses*. Buenos Aires: La Aurora, 1973.
_____. *Juan I*. Buenos Aires: La Aurora, 1974.
_____. *Lucas*. Buenos Aires: La Aurora, 1973.
_____. *Marcos*. Buenos Aires: La Aurora, 1974.
_____. *Santiago, I y II Pedro*. Buenos Aires: La Aurora, 1974.
_____. *William Barclay's Daily Study Bible*. Ed. digital.
BARTON, B. B. "Mark". *Life Application Bible Commentary*. Tyndale House. Wheaton, 1994.
BOICE, J. M. *Philippians:* An expositional commentary. Grand Rapids: Baker Books, 1971.
BONNET, L.; SCHROEDER, A. *Comentario del Nuevo Testamento*. Hebreos – Apocalipse. V. 4. El Paso: Casa Bautista de Publicaciones, 1982.
BOOR, W. de. *Evangelho de João I*. Curitiba: Esperança, 2002.
_____. *Cartas de João*. Curitiba: Esperança, 2008.
BOUNDS, E. M. *A glória da ressurreição*. São Paulo: Vida, 1980.
BOYD, F. M. *Gálatas, Filipenses, 1, 2 Tessalonicenses e Hebreus*. Rio de Janeiro: CPAD, 1996.
BRÄUMER, H. *Gênesis*. v. 1. Curitiba: Esperança, 2016.
BROWN, R. *The message of Hebrews*. Downers Grove: InvterVarsity Press, 1984.
BRUCE, F. F. *João*: Introdução e comentário. São Paulo: Vida Nova, 2000.
BURROWS, W. *Romans*. The Preacher's Complete Homiletic Commentary. v. 26. Grand Rapids: Baker Books, 1996.
CARSON, D. A. *O comentário de João*. São Paulo: Shedd, 2007.
CHAMPLIN, R. N. *O Antigo Testamento interpretado*. v. 1. ed. revisada. São Paulo: Hagnos, 2017.
ERDMAN, C. *O Evangelho de João*. São Paulo: Casa Editora Presbiteriana, 1965.
FALCÃO. S. A. *Meditações em Colossenses*. Rio de Janeiro: Casa Publicadora Batista, 1957.
FOULKES, F. *Efésios*: Introdução e comentário. São Paulo: Vida Nova, 1963.
FRANKL, V. *Em busca de sentido*. São Leopoldo: Sinodal, 1997.
GREATHOUSE, W. M. A epístola aos Romanos. *In*: GREATHOUSE, W. M.; METZ, D. S.; CARVER, F. G. *Comentário bíblico Beacon*. v. 8: Romanos a 1 e 2 Coríntios. Rio de Janeiro: CPAD, 2006.
HARRISON, R. K. *Jeremias e Lamentações*: Introdução e comentário. São Paulo: Vida Nova, 1996.

HENDRIKSEN, W. *Colosenses y Filemon*. Grand Rapids: Tell, 1982.
_____. *El Evangelio según San Marcos*. Grand Rapids: Libros Desafío, 2007.
_____. *Exposition of the Gospel According to Luke*. New Testament Commentary. Grand Rapids: Baker Book, 1978.
_____. *João*. São Paulo: Cultura Cristã, 2004
_____. *Lucas*. vol. 2. São Paulo: Cultura Cristã, 2003.
_____. *Marcos*. São Paulo: Cultura Cristã, 2003.
_____. *Mateus*. vol. 2. São Paulo: Cultura Cristã, 2001.
_____. *Romanos*. São Paulo: Cultura Cristã, 2001.
HENRY, M. *Comentário Bíblico Atos-Apocalipse*. Rio de Janeiro: CPAD, 2010.
_____. *Matthew Henry's Concise Commentary*. BibleHub. Ed. digital.
KELLER, T. *Ministérios de misericórdia*. São Paulo: Vida Nova, 2016.
KELLY, J. N. D. *I e II Timóteo e Tito*: Introdução e comentário. São Paulo: Vida Nova, 1991.
KIDNER, D. *Gênesis*: Introdução e comentário. São Paulo: Vida Nova, 1991.
_____. *Salmos 1-72*: Introdução e comentário. São Paulo: Vida Nova, 1992.
KISTEMAKER, S. *Epístolas de Pedro e Judas*. São Paulo: Cultura Cristã, 2006.
_____. *Hebreus*. São Paulo: Cultura Cristã, 2003.
_____. *Tiago e epístolas de João*. São Paulo: Cultura Cristã, 2006.
LADD, G. *Apocalipse:* Introdução e comentário. São Paulo: Vida Nova, 1996.
LEENHARDT, F. J. *Epístola aos Romanos*. São Paulo: ASTE, 1969.
LIGHTFOOT, N. R., *Hebreus*. São Paulo: Vida Cristã, 1981.
LLOYD-JONES, D. Martyn. *A cruz, a justificação de Deus*. São Paulo: PES, 1980.
LOPES, A. N. *Hebreus*. São Paulo: Cultura Cristã, 2016.
_____. *Primeira carta de João*. São Paulo: Cultura Cristã, 2005.
LUTERO, M. *Commentary on Saint Paul's Epistle to the Galatians*. Londres: James Clarke, 1953.
MACARTHUR, J. *The MacArthur New Testament Commentary*: John 1–11. Chicago: Moody, 2006.
MACDONALD, W. *Believer's Bible commentary*. Nashville: Thomas Nelson, 1995.
MARTIN, R. P. *Colossenses e Filemom:* Introdução e comentário. São Paulo: Vida Nova, 1984.
_____. *Filipenses*: Introdução e comentário. São Paulo: Vida Nova, 1985.
MILNE, B. *The Message of John*. Downers Grove: InterVarsity, 1993.
MORRIS, L. L. *Lucas*: Introdução e comentário. São Paulo: Vida Nova, 2011.
MOUNCE, R. H. *Mateus*. São Paulo: Vida, 1996.
MULHOLLAND, D. M. *Marcos*: Introdução e comentário. São Paulo: Vida Nova, 2005.
MURRAY, J. *Redenção consumada e aplicada*. São Paulo: Cultura Cristã, 1993.
_____. *Romanos*. São José dos Campos: Fiel, 2003.
OLYOTT, S. *A carta aos Hebreus*. São Paulo: Cultura Cristã, 2012.
PEARLMAN, M. *Através da Bíblia*. São Paulo: Vida, 1987.
PETESON, D. G. *Hebrews*. In: CARSON, D. A.; WENHAM, G. J.; MOYTER, J. A.; FRANCE, R. T. *New Bible Commentary*. Downers Grove: Intervarsity, 1994.

# REFERÊNCIAS BIBLIOGRÁFICAS

PINK, A. W. *Os sete brados do Salvador sobre a cruz*. Trad. de Vanderson Moura da Silva. Monergismo.com, 2016. Disponível em: https://www.monergismo.com/textos/livros/sete_brados_salvador_cruz.pdf. Acesso em: 31 out. 2023.

PINTO, C. O. C. *Foco & desenvolvimento no Novo Testamento*. São Paulo: Hagnos, 2014.

RIENECKER, F. *Evangelho de Lucas*. Curitiba: Esperança, 2005.

RIENECKER, F; ROGERS, C. *Chave linguística do Novo Testamento grego*. São Paulo: Vida Nova, 1985.

RYLE, J. C. *John*. v. 3. Grand Rapids: Banner of the Truth Trust, 1987.

_____. *Mark*. Wheaton: Crossway, 1993.

_____. *Meditações no Evangelho de Lucas*. São José dos Campos: Fiel, 2013.

SCHAEFFER, F. A. *A obra consumada de Cristo*. São Paulo: Cultura Cristã, 2003.

SHEDD, R. *Andai nele*. São Paulo: ABU, 1979.

SPROUL, R. C. *Mateus*. São Paulo: Cultura Cristã, 2017.

SPURGEON, C. H. *O Evangelho segundo Mateus*. São Paulo: Hagnos, 2018.

_____. The Rent Veil. *Spurgeon's Expositions of the Bible*. StudyLight.org. Disponível em: https://www.studylight.org/commentaries/eng/spe/matthew-27.html. Acesso em 30 nov. 2023.

STERN, D. H. *Comentário judaico do Novo Testamento*. São Paulo: Atos, 2008.

STOTT, J. *I, II, III João*: Introdução e comentário. São Paulo: Vida Nova, 1982.

_____. *A cruz de Cristo*. São Paulo: Vida, 2006.

_____. *A mensagem de Gálatas*. São Paulo: ABU, 1989.

_____. *Romanos*. São Paulo: ABU, 2003.

SWINDOLL, C. R. *Insights on John*. Grand Rapids: Zondervan, 2010.

TASKER, R. V. G. *Mateus*: Introdução e comentário. São Paulo: Vida Nova, 1999.

THOMPSON, J. A. *Deuteronômio*: Introdução e comentário. São Paulo: Vida Nova, 1991.

TRENCHARD, E. *Una exposición del Evangelio según Marcos*. Madrid: ELB, 1971.

TURNBULL, M. R. *Estudando o Livro de Levítico e a Epístola aos Hebreus*. São Paulo: Casa Editora Presbiteriana, 1988.

WEBSTER, D. *In Debt to Christ*. Jacksonville: Highway, 1957.

WIERSBE, W. W. *Be Diligent*. Wheaton: Victor Books, 1987.

_____. *Comentário bíblico expositivo*. vol. 3. Santo André: Geográfica, 2006.

_____. *Comentário bíblico expositivo*. vol. 5. Santo André: Geográfica, 2006.

_____. *The Bible Exposition Commentary*. vol. 2. Colorado Springs: Chariot Victor, 1989.

_____. *The Wiersbe Bible Commentary*: New Testament. 2. ed. Colorado Springs: David C. Cook, 2007.

WILEY, O. H. *Comentário exaustivo da carta aos Hebreus*. Rio de Janeiro: Central Gospel, 2013.

WILLMINGTON, H. L. *Guia Willmington para a Bíblia*. Rio de Janeiro: Central Gospel, 2015.

Sua opinião é importante para nós.

Por gentileza, envie-nos seus comentários pelo e-mail:

**editorial@hagnos.com.br**

Visite nosso site:

**www.hagnos.com.br**